OHSAMA BUNKO

毎日が「幸せなこと」でいっぱいになる本

高津理絵

JN286330

三笠書房

【推薦の言葉】

この本は、一生あなたの味方になります!

高津理絵さんが弟子になったとき、私が教えたことはたったひとつ、「人の心に灯《あかり》をともす」ということです。

理絵さんのスピリチュアル・カウンセリングを受けた人は、心からうれしくなり、心から涙します。

それだけでなく、彼女の言葉のすばらしいところは、他の人が聞いたり、本にして読んだりしたときにも、感動があせることなく人の心に連鎖するところです。

理絵さんは、やっぱり神様から選ばれた人としか思えません。

こんなにすばらしい人が、私の弟子になってくれたことに心から感謝します。

斎藤一人

はじめに　ページをめくるたびに、〝いいエネルギー〟と〝幸運〟が集まります！

あなたは今、幸せを感じていますか？

胸を張ってそう言える人もいるでしょう。うつむいてしまう人もいるでしょう。

それでも私は言いたいのです。

すべての人は、幸せになるために生まれてきたのだと。

私には生まれつき、〝目に見えない存在《スピリット》〟からメッセージを受け取る能力があります。

そして、師匠《ししょう》である斎藤一人《ひとり》さんとの出会いをきっかけに、その天から授《さず》かった能力をみなさんのために役立てようと決心し、スピリチュアル・カウンセラーになりました。

神様、霊、生まれ変わり……。この本にはそんな話題がたくさんでてきますが、何よりも大切なのは、そこからあなたがどんなメッセージを読み取るかです。

楽しく読みすすめながら、「これは私のためのメッセージだ」というものを見つけてください。

そして、文章に散りばめられた「幸せになるヒント」の中から、心に響いたことを、たったひとつでもいいですから今から実行してみましょう。

どれも簡単にできることばかりですが、すばらしい効果があります。

あなたの魂《たましい》が磨かれ、波動が高まります。直感がさえ、オーラが輝きます。そして、雪崩《なだれ》のごとく「いいこと」がやってきます。

幸運は、本当は、いつでもあなたのまわりにいくつもあって、引き寄せられるのを待っているのです。

それに気づきさえすれば、奇跡はいつでも起こり、人生はいっそう輝き始めます。

私にできることは、出会ったみなさんの心に灯をともすこと。

気持ちが満たされない人、不安な人、迷っている人、あるいは一度は違う方向へ行ってしまった人、もうワンランク先に進みたいのに足踏みしている人……そんな方たちに、準備されているのに気づいていない、幸せへの道を歩き出すためのお手伝いをすることです。

大丈夫。この本を手に取ってくださったあなたは、もうその一歩を踏み出しているのです。

ともに光を　ともに感謝を

高津　理絵

＊もくじ＊

Part 1

私たちは、幸せになるために生まれてきました
――スピリチュアル・メッセージを受け取っていますか？

Part 2

「本当の愛」に出会う方法

——その出会いは偶然ではありません

Part 3

お金、仕事、夢……よきことが雪崩《なだれ》のように起こる！

——使っていますか？〝一瞬で人生が大好転する素敵な魔法〟

Part 4

心と体が気持ちのいい幸せオーラに包まれる！

──気づいてますか？「魂」と「心と体の健康」との不思議な関係

Part 5

スピリットたちはあなたが〝開運情報〟に気づくのを待っています

――スピリチュアル・メッセージをこの世で本当に生かすには？

Part 6

「365日奇跡が訪れる」スピリチュアル・パワーを高める方法

——日常生活の中でだれでも簡単にできる！

編集協力：長谷川恵子

Part 1

私たちは、幸せになるために生まれてきました

——スピリチュアル・メッセージを受け取っていますか？

たくさんの〝目に見えない存在《スピリット》〟が、私たちをいつも見守り、そのときどきに必要なメッセージを送ってくれています。

この章では、それらのメッセージの上手な受け取り方を考えていきましょう。

生まれた瞬間からみんな〝幸福行き電車〟の乗客です

人はだれもがみんな、〝幸せ行きのチケット〟を手に、この世に生まれてきます。

私たちは、生まれた瞬間から、幸福になることを約束されているのです。

たとえ、つらく悲しい出来事が起きたとしても、それは「もっと魂を磨くチャンスですよ」という神様からのメッセージととらえることです。

いつまで経っても暗闇《くらやみ》のトンネルから抜け出せない、もっと輝きたいのになかなかうまくいかない……という人もいることでしょう。

それは、気がつかないうちに、幸せから遠ざかる方向へと、間違って進んでしまっているだけなのです。

そんな方たちのために、私は〝目に見えない存在《スピリット》〟が教えてくれる「本来の進むべき道」に灯《あかり》をともし、幸せへ向かって歩き出せるようお手伝いをしています。

では、具体的に人が幸せになるためには何が必要なのでしょうか？

私は相談にこられた方に、まずこうお伝えしています。

「私たちは、奇跡と幸福の中で生かされています。そのことに気づいてください」と。

繰り返しになりますが、人は、そのままで、すでに幸せな存在なのです。

私はそのことを、師と仰いでいる斎藤一人《ひとり》さんから教わりました。

一人さんは、「全国累積納税額日本一」の実業家として知られ、その成功哲学や幸せになるための法則は数多くの方々から支持されています。

現在、私がスピリチュアル・カウンセラーとして活動しているのは、一人さんとの出会い、そして温かい励ましと導きがあったからです。

それまでは、「〝目に見えない存在〟からメッセージを受け取ることができる」という子どものころから自分に備わった能力を、公にはしていませんでした。

でも、一人さんの「これからは、人の心に灯をともす仕事をするといいよ」というひと言で、この能力をたくさんの方のお役に立てていこうと決心できたのです。

その一人さんから、私は今までどれだけたくさんの「幸せ」という言葉を聞いたことでしょう。

お茶を飲んだら、「おいしいお茶だな。おいしいお茶を飲めるって幸せだな」。道ばたに咲いている花を見て、「可愛いな。きれいだな。これを見てそう思える自分は幸せだし、そもそも、こうやって旅行できるのも幸せだな」。

いつでも、どこでもそうなのです。

その姿を見ていて、私は思いました。幸せな人は、すでに自分に与えられている幸せにひとつでも多く気づける人だと。

神様は私たちのまわりに、たくさんの幸せをプレゼントしてくださっています。それはどんな人にもです。

このことを意識した瞬間から、毎日の暮らしが、そしてあなた自身が、さらに素敵に輝き出すのです。

今の自分の生活の中で、どんな小さなことでもいいですから、〝幸せ〟と思えることをあげてみましょう。心に思い浮かべたその瞬間、〝目に見えない存在〟が、あなたにもっと大きな幸せをプレゼントしようと近づいてくるのです。

「大丈夫！」
――あなたはいつでも〝偉大な力〟に守られています

私が生まれ育った福島県いわき市の小名浜《おなはま》の家には、天照大神《あまてらすおおみかみ》の掛け軸が飾ってありました。小さなころの私は、その掛け軸の前で遊ぶのが大好きでした。

そこには温かく、とても気持ちのいい「気」が漂《ただよ》っていたのです。今はもう内容こそ覚えていませんが、幼いなりに〝目に見えない存在《スピリット》〟からのメッセージを受け取っていたのだと思います。

私の家は、特に信心深かったというわけではありませんが、何にでも神様は宿《やど》っているという日本古来の考え方を自然と受け入れていました。

ですから、台所の神様、トイレの神様、お風呂の神様……家中のあらゆる場所に、神様への感謝の言葉「ありがとう」と書かれた紙が貼られていたのです。

私は、家の中に神様がいらっしゃると思うとうれしくて、飛び跳ねるようにして「ありがとうございます」と言って回っていたのを覚えています。

そんな私を祖父母や両親は、温かく見守ってくれました。

そして今、〝目に見えない存在〟からのメッセージを受け取ることができるのは、家族のおかげと本当に感謝しています。

さらに家族に感謝しているのは、小さいころから、ことあるごとに「大丈夫」という言葉をかけてくれたことです。

お腹《なか》が痛い、熱がある。そんなときにも「大丈夫だよ。それは生きている証拠だから」と言われて育ちました。

そのおかげで、私には今でもあまり心配事がありません。

何かあったとしても「大丈夫だ」とすぐに思えます。カウンセリングをするときも、まず口から出るのは「大丈夫ですよ」という言葉です。

「大丈夫」という言葉は、私たちを生かしてくれている〝偉大な力〟への信頼です。

そして、私はみなさんに確信を持って言えますが、その力はどんな人にも働いています。

幸せなときはもちろんのこと、人生につまずいているときも、悲しみにくれているときも、等しく生かされ守られていることに変わりはないのです。

だから私もあなたも、みんな大丈夫。

安心して、「幸せの道」を歩いていけばいいのです。

安心してください。
私たちはいつも〝偉大な存在〟に見守られ、生かされている。このことを忘れないでください。

あなたに起こるすべてのことは、もっとハッピーになるための暗号《メッセージ》

スピリチュアル・カウンセラーとしての私が、相談者の方を前にしたとき、どんなものを見たり感じたりしているのか。そこに興味がある方もいらっしゃると思いますので、簡単に説明してみましょう。

その方の幸せを念じながらその方の手を取ると、オーラの状態や前世が見えます。また、必要に応じて、その人が暮らしている環境や、過去・現在・未来のビジョンなども、ちょうどガラス窓に景色が映るように見えてきます。

そして神様、守護霊《スピリット・ガイド》などからのメッセージが私の中に流れ込んできます。その中から、その人がよりよい人生を送るために必要な情報をお伝えしています。

私たちがこの世に生まれたときから死ぬまで、ずっと寄り添い見守ってくれている存在を私は「守護霊」と呼んでいます。「エンジェル」や「ガーディアン・スピリット」などと呼ぶ方もいるようです。

守護霊は、私には青い「光の玉」として見えます。

また、神様がついている人もいます。

たとえば、龍神様《りゅうじんさま》がついている方を前にすると、水の音が聞こえたり、スーッとしたきれいな空気を感じたりするのです。

神様や霊とのコンタクトは、私にとってはごく自然なことになっていますが、多くの方にはピンと来なかったり、ただただ不思議に思えるかもしれませんね。

でも、**たくさんの〝目に見えない存在《スピリット》〟が、私たち一人ひとりに、より幸せになるために必要なメッセージを、一生懸命に送ってくれています。**

たとえば、喫茶店で待ち合わせをしたら、相手がなかなか現われない。その店にある本棚を何げなく見ていたら、「あら?」と気になる本があって、手に取って開いてみると、ずっと考えていたことへの答えがそこにあった。

また、ちょうど信号待ちで立ち止まったとき、たまたま目に入った看板に、まさにそのときの自分に必要な言葉が書かれていた。


これらは偶然ではありません。

あなただけにわかるように送られたサインなのです。

それらの**サインをどのように受け止め、生かしていくかは、あなたしだいです。**

このように何かを通して送られてくるメッセージの他に、直《じか》に受け取るメッセージもあります。直接的なメッセージは「ふと心に浮かぶ」という形でやってくるので、自分で考えたことと区別がつきにくい人が多いと思います。

でもいずれにしろ、心の状態が乱れていれば、せっかくサインが送られてきても、なかなか気がつくことができません。

確実にメッセージを受け取る方法。それは、**自分のスピリチュアル・パワーを高めること**です。

難しく思えるかもしれませんが、そんなことはありません。ちょっとした心がけで、だれでもスピリチュアル・パワーをいくらでも高めることができるのです。

その基本となる三つの法則については、この章の三七頁からご紹介します。

〝目に見えない存在〟からのメッセージはどんな人にも送られています。スピリチュアル・パワーを高めれば、必要なときに必要なメッセージを受け取れるようになるのです。

「守護霊《スピリット・ガイド》」との本当のつきあい方をわかってますか？

信じる信じないに関わらず、〝スピリチュアル〟という考え方が一般に知られるようになり、「守護霊《スピリット・ガイド》」という言葉も当たり前のように口にする方が増えてきました。

あるとき、相談に訪れた若い女性との間でこんな会話がありました。

「私にも守護霊はついていますか？」

「ついていますよ。どんな方でも守護霊に守られて生きているのですから」

「じゃあ、もうちょっとしっかりやるように言ってください」

私は一瞬、言葉を失ってしまいました。

「私が伝えなくても、あなたが言った時点で伝わっていると思うけれど……。守護霊には、〝いつも守ってくれてありがとう〟と感謝したほうがいいですよ」

彼女に言わせると、「自分の人生は何事もうまくいかない。だから小さいころからずっと、自分は運が悪いと思っていた」そうなのです。

実は、これは逆です。

「自分は運が悪い」と思うから、いろいろなことがうまくいかなくなっているのです。守護霊が悪いのではなく、彼女が自分自身で悪運を引き寄せていたのです。

「運が悪い」と思ってその通りに運が悪くなっているということは、願いは百パーセント叶っていることになります。

願いが百パーセント叶えられるなら、いいことを願って百パーセント叶えた方がずっといいと思いませんか？

運命をつくるのは、あくまでもその人自身です。

不運や挫折《ざせつ》を守護霊のせいにしないで、まず自分自身が開運を信じ、努力していくことが大切なのです。

〝守護霊〟には「いつもありがとう」と感謝の思いを伝えるようにしましょう。

「守護霊《スピリット・ガイド》がだれか」にこだわっても意味がありません

「私の守護霊《スピリット・ガイド》はだれですか？」

という質問を受けることも多いのですが、私は、知る必要がある人にだけ、お教えするようにしています。

たとえば「若くして亡くなったご先祖様の霊」がついていると聞いて、「自分も早死にしてしまうのでは」と心配するくらいなら、そんなことは知らずに、見守ってくださっていることにただ感謝するだけのほうがいいのです。

また、「守護霊は、私をかわいがってくれた祖母ですか？」とたずねる方もいます。

守護霊は、人がこの世に生まれてから死ぬまで、ずっとそばにいて見守ってくれている存在です。

一生変わることはありません。

もし相談者のおばあさまが三年前に亡くなったのだとしたら、それまでその方には守護霊がいなかったことになってしまいます。ですからこの方の守護霊は、おばあさまではないのです。

守護霊の他に、私たちを守ってくれたり、指導したりしてくれる霊魂《れいこん》を、私は「補《ほ》助霊《じょれい》」と呼んでいます。

他界してからあまり時間が経っていない身内の霊魂は、補助霊としてついてくれることが多いようです。

亡くなった方をふと思い出したり、その方が夢に現われたりしたときは、私たちに一生懸命何かを伝えてくれている証拠です。

メッセージを受け取ったときは、感謝をすればそれで充分です。

それがだれなのか、どこから来たのかなどを気にするよりも、**守られていることに感謝し、受け取ったメッセージを生かしながら日々を過ごしていきましょう。**

そうやってみなさんがこの世をしっかりと生きていくことが、私たちを守ってくれている存在にとって、何よりもうれしいことなのです。

あなたは、どんなときにも一人ぼっちではありません。この世に生まれたときから、あなたの成長を見守り、応援してくれる存在が、ずっとそばにいてくれるのです。

人はなぜ生まれ変わりを繰り返すのか

人は何度も生まれ変わりを繰り返します。前世、今世、来世……肉体は滅びたとしても、魂は永遠に生き続けているのです。

私たちがこの世に生まれてきたのは、偶然ではありません。**自分の魂を磨くために、自ら望み、今の時代、今の人生を自ら選んで生まれてきました。**この世は〝魂の修行の場〟なのです。

ですから、楽しいこと、うれしいこと、感動的なことはもちろん、どんな苦しみや悲しみ、痛みや悩みさえ、ひとつのムダも意味のないものもありません。それらはすべて、魂というダイヤモンドを光り輝かせるための磨き石なのです。

私たちは、魂を磨くために、いろいろな使命や課題、人生のテーマを持ってこの世に生まれてきています。

もし、あなたが何か悩みを抱えているとしたら、その〝悩みの種〟は、あなたの「人生のテーマ」がいったい何であるかを教えてくれているはずです。

テーマは人それぞれ違いますが、どんなに逃げても人生のどこかで必ずそのテーマに直面しなければならない時はやってきます。

ときには、とうてい乗り越えられそうにもない、難しい課題に直面していると感じることもあるでしょう。

けれど、課題に正面から向き合い、克服できれば、私たちの魂は美しく磨かれ、さらに強い光を発することができるのです。

また、前世でやり残してしまった課題は、今世に持ち越して、またそれに取り組むことになっていますが、相談者にそうお伝えすると、「前世と同じで、今世もうまくいかないんだ」と思い悩んでしまう方もいます。

しかし、**私たちに克服できない課題はありません。**いたずらに思い悩むよりも「今」というこの瞬間を充実させることを大切にしてください。

それが、あなたの課題、人生のテーマをクリアする一番の近道なのです。

カウンセリングでも前世を教えて欲しいという方はとても多いのですが、私はほとんどの方にお教えしていません。

それにとらわれると「この世をしっかりと生きる」という一番大切なことがおろそかになる恐れがあるからです。

前世や守護霊を気にするよりも前に、今、目の前にある幸せにひとつでも多く気づいてください。

そして、目の前にいる人たちにひとつでも多くの幸せと感謝を伝えてください。それが、「今」を生きている意味だと思います。

そうすれば、結果として課題を早く克服することができるし、より高いレベルの課題に挑戦するために、徳を積《つ》んでいくこともできるのです。

生まれ変わるのは魂の向上のため。「今世を充実させること」が、前世からの課題をクリアする近道です。

今日からあなたに〝うれしい贈り物〟が山ほど届きます！

前述したように、たくさんの〝目に見えない存在《スピリット》〟が、私たち一人ひとりに、そのときどきに必要なメッセージを、一生懸命に送ってくれています。

「ひらめき」「以心伝心」「あうんの呼吸」「胸騒ぎ」「虫の知らせ」……。

そんな言葉があることからもわかるように、人間には、そのメッセージを直感的に感じ取る能力があります。

これは、私たち人間に本来備わっているスピリチュアル・パワーの一端です。

動物たちと同じように自然と一体になって暮らしていた昔の人は、こうした能力が現代人よりもずっと発達していたことでしょう。

残念ながら、現代ではそういう力が眠ったままの人も多いようです。

でも、この直感力をもう一度磨いていけば、だれでも〝見えない存在〟からのメッセージをきちんと受け取れるようになります。つまり、スピリチュアル・パワーが高まるのです。

直感力を磨くために、私がみなさんにおすすめしている三つの法則があります。**「鏡を磨く法則」「言葉を磨く法則」「ハートを磨く法則」**です。これをまとめて「幸せの法則」と呼んでいます。

これらを実践するとあなたの魂は磨かれ、波動が高まります。直感がさえ、オーラが輝きます。同じように高い波動を持つ魂、霊、現象だけを引き寄せます。

そして、**雪崩のごとく「幸せなこと」がやってきます。**

実際に、たくさんの方から「素敵な人との出会いがあった」「仕事でいい結果を出せた」「みるみる金運がよくなった」など、うれしい報告をいただいています。

では、それぞれの法則を説明していきましょう。

✳幸せの法則その①「鏡を磨く」

幸せの法則のひとつめは、「鏡磨き」です。

ふだん何げなく使っている鏡ですが、これには実は大きなパワーが秘められています。

古来、鏡は神聖なものとされ、さまざまな祭祀《さいし》で重要な役割をはたしてきました。今でも神社には鏡が奉納《ほうのう》されています。これを「ご神鏡《しんきょう》」といいます。

ご神鏡をのぞくとそこには当然、自分の顔が映ります。これは、「だれの中にも神様がいる」「あなた自身が神である」ということを意味しています。

「鏡」という名称からもそれがわかります。

「カガミ」から「ガ（我）」を取ると「カミ」になりますね。

自分という「我《が》」をなくし、生かされていることに感謝しながら鏡をのぞけば、**私たち一人ひとりの中にいるカミ=神様が姿を現わし、その人の真実の姿が映るのです。**

鏡をいつもきれいにすることは、神様と自分を敬《うやま》い、大切にするのと同じです。姿見《すがたみ》、手鏡、バスルームや洗面所の鏡、メイク用品の鏡。身の回りにあるすべての鏡をピカピカに磨きましょう。

きれいに磨かれた美しい鏡は、邪気《じゃき》を寄せつけません。同時にあなたの直感が高まり、頭がさえてきます。スピリチュアル・パワーがどんどん高まっていくのです。

鏡をいつも美しく磨いておけば、マイナスエネルギーを寄せつけず、強運の扉が自然に開かれます。

✷幸せの法則その② 「言葉を磨く」

幸せの法則の二つめは「言葉磨き」です。

日本には昔から「言霊《ことだま》」という言葉があります。言葉に宿る不思議な霊力のことです。いい言葉を口にすればいいことが、悪い言葉を口にすれば悪いことが必ず、自分に返ってくると日本人は信じてきたのです。

言霊の力は絶大です。あなたのまわりの「運のいい人」を思い出してみましょう。いい言葉をたくさん使っているはずです。

喜びや楽しさ、幸せ、豊かさ、優しさ、感謝など、口に出しても、聞いても、うれしくなるような言葉。私は、それらを**「天国言葉」**と呼んでいます。

「ツイてる」「うれしい」「楽しい」「感謝してます」「幸せ！」「ありがとう」「ゆるします」は、天国言葉の代表です。

天国言葉を口に出すと、もう一度同じことを口にしたくなるようないいことが、ど

んどんやってきます。

「ツイてる」と言えば、ますますツイてると感じる出来事が、「ありがとう」と言えば、ますます感謝したくなるすばらしい出来事が起こるのです。

逆に、運のよくない人が好んで口に出す言葉があります。

不平・不満や愚痴《ぐち》、泣き言、悪口、文句、心配事を表わす言葉。これが「**地獄言葉**」です。

地獄言葉も、それを口に出せば、それに相応したマイナスの出来事がやってきます(ただし、うっかり言ってしまっても、天国言葉を十回言えばキャンセルすることができます。何度でもやり直せるので安心してください)。

使う言葉によって、〝幸運のサイクル〟ができることもあれば、〝不運のサイクル〟ができることもあるのです。どちらを選ぶかは言うまでもないですね。

また、ていねいで美しい日本語を話すことも大切です。

美しい言葉にはいい言霊が宿り、いいものを引き寄せるからです。
日本語は豊かな自然と四季の移ろいの中で育まれた美しい言語です。そうしたことも意識しながら、話しても聞いても心がうれしくなるような言葉を使っていくと、神様は喜び、ますますあなたを応援してくれます。

ツイてる・うれしい・楽しい・感謝してます・幸せ！・ありがとう・ゆるします……「天国言葉」を聞くのが神様は大好き。耳にするたびに、あなたをサポートする神様の力が強まります。

✳幸せの法則その③「ハートを磨く」

幸せの法則の三つめは「ハート磨き」です。

すべての魂は生まれ変わりを繰り返しています。その魂の源は神様です。**私たちはみな、同じ神様から生まれた存在であり、だれもが美しく温かく、光り輝く魂を持ってこの世に生まれてくるのです。**

でも、いろいろな出来事を経験しながら成長していくうちに、多くの人はそのことを忘れてしまいます。そして自分の価値を疑って悩んだりするようになるのです。

思い出してください。神様に一番近い存在だった、生まれたばかりの自分を。あれこそが本当のあなた。美しい魂を持ったあなたの姿です。

そして神様が宿っているのは、人間の中だけではありません。「八百万《やおよろず》の神」という言葉の通り、森羅万象《しんらばんしょう》に神様が宿っています。太陽、月、星、山、森、川、海、動物、植物、鉱物、人間がつくったさまざまなもの……すべてのものが、私たち人間と同じ、敬うべき存在なのです。

今日から、自分自身にも、自分を取りまくあらゆる存在にも、意識して笑顔を向けるようにして、優しい言葉をかけましょう。感謝しましょう。口に出して褒《ほ》めましょう。

楽しく実践することが、あなたのハートを美しく磨き上げます。

輝くハートには、幸せのメッセージが吸い寄せられるように集まってくるのです。

あなたの素敵な笑顔は人を幸せにし、その幸せが10倍になってあなたに戻ってきます。

＊

今ご紹介した「三つの幸せの法則」を実行する時のポイントは、自分を信じることです。

「私は大丈夫！」といつでも思っていてください。

そして「こうならなければイヤだ」などと結果にこだわらないで、法則を実行している自分を楽しみ、軽やかな気持ちでいてください。

そして、幸せなことが起こったら、今度はそれを人に分けていきましょう。「うれしい」「ありがとう」と言われるようなことをしてみましょう。

あなたのしたことでだれかが幸せになれば、あなたのもとに、またあらたな幸せが届きます。幸せは、分ければ分けるほど増えていくものなのです。

この「幸せのリレー」で、願いが叶うスピードが10倍になる！

自分の行為や言葉がある結果を生んで、それがまた別の何かを生み出す——私たちのまわりにはつねにこの「原因」と「結果」の法則が働いています。これを「因果《いんが》」と言います。

ですから、毎日の生活の中でいい言葉、いい行動を心がけて、どんどん「いい因果」を巡らすようにしてください。

こんな相談者がいました。

やさしい家族に囲まれて幸せに暮らしている年配の女性で、今も充分に幸せだけれど、今後残りの人生を悔いなく生きるためにはどうすればいいか教えて欲しいとのことでした。

そこで、「今までは、まわりの人に〝ありがとう〟と感謝しながら生きてこられたと思いますが、これからは、人から〝ありがとう〟と言われるようなことをやってみてください」とアドバイスしました。

すると、しばらくたったある日、その方が報告に来てくださいました。

「家には田んぼがたくさんあったのですが、ほとんど息子に譲って、私たち夫婦の分として残した土地は更地《さらち》にしてあります。

高津先生のカウンセリングを受けて『人のためにできることは何か』と考えたとき、家の近くにある老人ホームが頭に浮かびました。

先生に『健康でいられるのも幸せに暮らせるのも、まわりの方のおかげでしょう？』と言われたことも思い出しました。

自分も老人ホームに入っている人たちと同年代だけれど、こうやって元気に自分の家に住めるのは、田んぼで一生懸命お米をつくってくれた主人のおかげだし、それを残してくれた先祖のおかげです」

その方は、七十歳を過ぎているとはとても見えない、若々しい感じの方でした。
「それなら先祖が残してくれた土地で何かできないだろうか……と考えて、その老人ホームに、無料で私たちの土地を使ってもらうことを思いつきました。そうしたら、とても喜ばれて、最近はまわりからの頼まれごとなども多くなって、毎日がより充実して、とても楽しくなりました」

それを聞いて本当によかったなと思い、「あなたの好きなようにさせてくれたご主人もすごいですよね」と言いました。

すると、「実は、私の話を聞いたうちの主人も変わりました」と言うのです。

「近所に参拝客の多い神社があります。

主人がその神社に、自分の土地を、無料で貸すから、参拝客のために駐車場として使って欲しいと申し出たのです。

仕事ばかりで、まわりを顧《かえり》みる人ではなかったのですが、『今まで、自分はこの土地でいっぱいお米をつくらせてもらった。米は神様の恵み。自分たちは、大地の神々に生かされてきたんだ。だから今度は、この土地を神様のために役立てたい』と言って、自分から……」とのことでした。

このように、ひとりの女性がまいた幸せの種が芽を出し、茎を伸ばし、どんどん育っているのです。

よい因果を巡らせるというのは、こういうことです。感謝の気持ちで人のためにしたことが感謝と喜びとなって自分に返ってきて、それを見たまわりの人も変わっていく――。

こういうお話を聞くと、本当にカウンセリングをしてきてよかったなと思います。

みなさんも幸せの輪を広げていくために、今日からできることをしてみませんか？

目の前のことを一生懸命やりながら、目の前にいる人を大切にし、日々、幸せの種をまいていきましょう。

神様はそういう人を祝福し、いつまでも毎日が幸せなことでいっぱいになるメッセージを送り続けてくださるでしょう。

因果は「業《ごう》」や「カルマ」と呼ばれることもあります。自分でまいた種は自分で刈り取るようになっているのです。よい種をまけば、よい花が咲き、よい実が実るのです。

Part 2

「本当の愛」に出会う方法

――その出会いは偶然ではありません

この世で出会う人とは、ほとんどの場合、前世でも出会っています。

そして、すべての人間関係は〝修行〟です。

愛してくれる人はもちろん、あなたにつらく当たる人も、あなたに大切な何かを教えるために、その役目を引き受けてくれているのです。

出会ったすべての人が、感謝すべき対象なのです。

「人間関係のイヤな出来事」は、気づきと学びの最大のチャンスです

私のオフィスには、全国からさまざまな方が相談にみえます。恋愛、結婚、仕事、家庭、お金……。相談のテーマはさまざまですが、つきつめてみると結局、「人間関係の悩み」と言えることが多いようです。

人間関係で悩んだり、傷ついたりするのは、あなたがいろいろな思いを味わって、人の痛みのわかる思いやりのある人間になるための修行のひとつです。

そんなときは、「このことで、私は何を学ぶのだろう」と考えてみましょう。自分の中に変化が生まれるはずです。

もし、あなたが、たとえば「職場の上司にこんなことを言われて、許せない」「つき合っていた恋人にひどいことをされて、傷ついた」という思いにとらわれることがあったら、こんなふうに考えてみてはいかがでしょうか。

想像してみてください。

私たちは生まれてくる前に、あらかじめ人生のストーリーを自分で決めてきています。

あなたは空の上で、神様に相談しながら「どういう人生にしようかな」と紙とエンピツを持って考えています。

「何歳のときにこの場所で、こうなって、ああなって……」とストーリーをつくりながら、そばにいたAさんに「あなたも一緒にどうかな?」と誘います。

そうしてあなたの人生のストーリーと登場人物が決まっていきます。

書いているうちに、あなたは「楽しいことだけ経験していても、自分の魂が向上しないから、イヤなことも経験しなくちゃいけない」と気づきます。

そこで「だれかイヤなことを言ってくれる人はいませんか？」とたずねると、みんなは当然「そんなことをするのはイヤだ」と引き受けてくれません。

だれだって悪役にはなりたくありません。

でもそのとき、「あなたの魂の向上のためなら僕がするよ」とBさんが手を挙げてくれたので、あなたはありがたくBさんの申し出を受けます。

こうしてストーリーが完成して、今のあなたが生まれてきました。

だから、Bさんからひどい言葉を受けたとしても、それは約束通りに悪役を演じてくれたということ。

だれだって恨まれたりするのはイヤなのに、わざわざそういう役を買って出てくれたのです。

「ありがたい」と思えませんか？

ものの見方ひとつで、見える世界はガラリと変わります。

私の師、斎藤一人さんは**「もしも悪いことやイヤなことが起こったら、それをチャ**

ンスに変えるといいよ」とおっしゃいます。

その方法のひとつが、「私たちは人生のストーリーを自分で決めて生まれてきた」と考えることです。

それによって、悪いことやイヤな出来事は、それまで気づかなかったことに気づき、学ぶための絶好のチャンスに変わるのです。

人間関係でもしイヤな思いをしたら、「この人は修行を手伝ってくれているんだ」と考えて視点を変えると、あなたの魂はさらに向上します。

〝感謝の気持ち〟を口にしたとたん、新しい世界のベールが上がります

あるとき、「会社での人間関係がうまくいかない」と悩む会社員の女性が相談にみえました。

「そのことで不平・不満、愚痴、泣き言を言っていませんか？」とたずねると、「言っていません」と答えます。

けれど、それは事実とは違っていました。

確かに彼女は、職場では不平や不満を口にすることはないのですが、家に帰ってから、母親にさんざん愚痴を言っている姿が見えたのです。

この世には、「波動の法則」という作用があります。

私たち人間をはじめ、空気、水、生物、鉱物……宇宙にあるすべての物質は「波動」を持っています。「波動」とは、〝気〟や〝エネルギー〟と言いかえてもよいかもしれません。

この波動には「同じものを引き寄せる」という性質があります。

たとえば、〝気が合う〟〝類は友を呼ぶ〟といいますが、これは同じ「波動（気）」を持つ人同士が共鳴して引かれ合っている関係なのです。

自分が楽しい波動を発すれば、楽しい出来事が集まってきます。反対に、悲しい波動を発すれば、悲しい出来事が集まってきてしまいます。

自分が出したものは、すべて自分に返ってくるのです。

これが「波動の法則」です。

あなたが出会う人や出来事も、幸運や不運も、喜びも悲しみも、自分がそういう波動を発信していた結果が現われているのです。

マイナスの言葉や思いは、必ずさらなるマイナスの出来事を引き寄せます。

ですからまず、だれに対しても不平・不満、愚痴、泣き言を言うのはやめることです。その代わりにいい言葉をどんどん使っていけば、自分の波動がいいほうへ変わって、イヤなことをしてくる人たちとは縁が切れていきます。

相談にみえた女性は、会社では不満な気持ちを態度に出さず、家で本音を吐き出すことが、自分なりの努力のつもりだったのでしょう。

でも、それを聞かされるお母さんはどんな気持ちがしたでしょうか。そうたずねると、本人も、自分がお母さんに何をしていたのか、改めて理解したようです。

身内だからといって、「地獄言葉」を浴びせていいはずがありません。身近な人に思いやりをかけたり、気を遣ったり、感謝できたりしない人が、人間関係を円滑に運べるわけがないのです。そうした心がけが、仕事先でイヤな人物・出来事を引きつけてしまうのです。

ですから、もし、あなたが会社の人間関係や友人との関係がうまくいっていないのだとしたら、自分を生んでくれた親に、もっともっと感謝するようにしてください。

自分のお誕生日が来たら「お父さん、お母さん、私を生んでくれてありがとう」とお花を贈ってみるといいですよ。

神様に感謝するのと同じく、自分を生んでくれた人に感謝することは、理屈抜きで、人として必要なことです。それだけで絶対に運はよくなります。

先の会社員の女性も、「地獄言葉」を封印し、いつも支えてくれる両親に感謝できたときから、彼女をいじめていた人たちが退職したり転勤したりして、がらりと環境が変わったそうです。

自分の誕生日に「生んでくれてありがとう」と親に感謝することは、人の道に立ち返ることです。
それによって、大きく運が開けていきます。

「運命の人」と出会うのに一番必要なこととは？

「魅力的な異性がまわりにいない」「自分の理想の人になかなか出会えない」……。

そんなふうに嘆く人には、いつも次のようにアドバイスしています。

前述したとおり、私たちは「波動の法則」によって、**自分と同じ波動を持つ人しか引きつけられないようになっています。**

ですから、「こういう人と出会いたい」というイメージがあれば、まず自分がそのような人物になってください。

たとえば、もしも性格も頭もよくて見た目も素敵な男性と出会いたいなら、自分も性格も頭もよく、見た目も素敵な女性になれるように、努力してください。

特別なことではなく、今の自分にできることを少しずつやってみましょう。興味のあるテーマの本を読んで知識を深める、スキンケアや食べ物に気を配る、いつも思いやりのある言葉や行動を心がける……。他にもできることはたくさんあります。

もちろん、前章でご紹介した三つの「幸せの法則」も、自分の魅力を磨くのに役立ちます。それに加えて、**出会いたい異性と同じ波動を身につけるために、具体的な努力をしていくことが大切なのです。**

もうひとつ大切なのは、自分から積極的に外に出ていくということです。自分から動かなければ、あなたが望むような人と出会うことは難しいものです。

出会いがないという人は、「どこか、素敵な異性に出会える場所に行っていますか？」と聞くと「行っていません」という人が多いのです。

家にじっとしているだけでは、あなたの望むような相手とは出会えません。

「とにかく、だれでもいいから、とにかく今すぐ結婚したい」というなら、すぐに出会いはあるでしょうし、結婚できると思います。

ただし、そういう場合は、同じように結婚を焦っている人を引きつけてしまうでしょう。繰り返しますが、私たちは「同じ波動の人」と引き合うようになっているからです。

でも、どうせ結婚するなら、「この人となら、いつまでも楽しく暮らしていける」と思えるベストパートナーと結婚したいと思いませんか？

それなら、まず自分自身、毎日を充実させて楽しく過ごすことです。

「私は今、幸せ」と心から言っていると、「自分も今幸せなんだ」という男の人が必ず現われます。

「波動の法則」を理解して、素敵な出会いを引き寄せましょう。

あなたの周囲にいる人は、あなたの〝波動〟が引き寄せた人です。自分が異性に望むものと同じものを、まず自分自身が身につけましょう。

素直な人は、出会いのチャンスも素直につかめます

恋人の浮気に悩む、ある若い女性がいました。

その恋人は、自分は浮気をするくせに、彼女の行動にはうるさく口を出し、いろいろと束縛してくると言います。

彼女は、彼のそういう身勝手な性格に悩みながらも、それでも「彼には私がいなければダメなのでは？」と、別れを決心できずにいました。

そんな彼女に私は、このようにアドバイスしました。

「このまま彼とおつきあいを続けて結婚したとしても、今のように浮気されたり束縛されたりするでしょう。それであなたは幸せですか？　彼が人生のパートナーとしてふさわしいかどうか、真剣に考えたほうがいいですよ。そして、自分のことも、もっ

と大切にしてくださいね」

それから何年か経って、その人がまた来てくれました。

彼女は結婚していて、隣りにいるご主人はあの恋人とは別の、優しそうな男性です。

彼女の話によると、悩んだ末に、結局は私のアドバイスを受け入れて、あの恋人と別れたそうです。その後、彼女を元気づけようと、友だちが開いてくれた食事会にたまたま来ていたのが、今のご主人だったのです。

もし、彼女がずるずると浮気を重ねる恋人とつきあっていたら、その出会いはなかったでしょう。


本当に好きだったり、本当に相手のことを思うなら、その人が幸せであって欲しいと願うものです。

自分だけのものになって欲しい、自分だけを見ていて欲しいといったエゴではなく、「その人が幸せで元気で、健康でいてくれれば一番いい」と思うのが本当の愛情ではないでしょうか。

よく「相手のことを思うと別れられない」と言う人がいますが、それは相手への執《しゅう》着《ちゃく》にすぎないことがほとんどです。

一緒にいても幸せになれそうにない相手にしがみついたり、自分をごまかしたりせず、幸せを求める自分の気持ちに素直になることも必要です。

私たちの人生には、早く幸せへとたどり着ける道と、遠回りになる道が用意されています。

「自分はあのとき、遠回りになるほうへ行ってしまったかな」と感じる人は、今からでも遅くありません。軌道修正してみましょうね。自分に素直になるのが一番です。

人生はいつからでもやり直せます。あのときの選択は間違っていたと思うなら、自分に素直になって幸せな道へと軌道修正しましょう。

「幸せな結婚」への〝ご縁〟につながる毎日の過ごし方

「結婚さえすれば、もっと幸せになれる」と考えている方は多いようです。

でも、結婚したら必ず幸せになれるかといえば、残念ながらそうではありません。

私のカウンセリングでも、結婚していても悩んでいる方は本当に多いし、悩んだ末に離婚したという方もいます。


先日いらした相談者も、離婚して数カ月が経ったばかりの方でした。そして、今でも別れた夫に対する不平・不満で頭がいっぱいのようでした。

その方は資格を持って働いている女性なのですが、別れたご主人は子どもの面倒も見ないし、途中からはあれこれ理由をつけてお金も家に入れなくなってしまったそうです。会社からはちゃんとお給料が出ているのに、ご主人は家のために一円もお金を出さないというのです。

悩んだ末に、離婚して、子どもと二人の生活を選んだのですが、「これから再婚できるかどうかもわからないし、将来が不安」とのことでした。

実は、この方の結婚生活がうまくいかなかった根本的な原因は、結婚を決めた動機にありました。

彼女は、いわゆる適齢期をだんだん過ぎてきて、親からも「結婚しないの？」と言われて焦っているときに前のご主人と出会いました。ご主人のほうも、「もう年だから」と焦っていて、ちょうどお互いの波動が合っていたのです。

同じころ、ご主人は別の仕事を始めたいと言って、準備不足のまま公務員をやめたのですが、彼女は「自分にも仕事があるし、まあいいか」とそれにも目をつぶって結婚したのです。

でも、結婚したらご主人は収入が不安定なせいで奥さんの稼ぎを頼ってお金を入れなくなるし、お姑さんには「息子が公務員をやめたのはあなたのせいだ」と責められたりして、想像とはかけ離れた生活が待っていました。

でも、元はといえば結婚を焦っていた自分の波動が引きつけた相手ですし、「結婚がうまくいかなかったのはすべて相手のせい」と決めつけることもできません。何より、別れた後まで恨みをひきずるのは自分と子どものためによくありませんよね。

私は彼女に心の中を整理しきれいにして、これからの生活を大切にしてほしいと思いました。

「別れたご主人への不満を口にするのはやめましょうね。あなたは、この結婚で多くのことを学んだはずです。まずそのことに、感謝してください。

そして、幸せな再婚を望むなら、『幸せ』という言葉をいっぱい口に出すようにしましょう。

そうすれば、幸せな人と出会えますよ。子供と二人だけになって世間体がどうとか、子どものために何とかしなきゃとかと思うと、またそういう人が来ますからね」とアドバイスしました。

この方のように、「まわりが結婚するから」とか「親に言われたから」と結婚に対する焦りを強く感じてしまう女性は少なくありません。

しかし、結婚は自分ひとりでは学べないことを、二人で学び合いながら、魂を磨いていく場です。お互いに慈しみ、尊敬し合い、認め合える同士なら、魂をより深く輝かせていくことができます。

焦ることなく「この人となら」と思える人を選んでください。

お子さんの結婚を心配する親御さんからの相談もよくあります。

「うちの娘がいい年なのにちっとも結婚しなくて」などの愚痴が出てくると、私は「あと何十年も、そうやって愚痴を言い続けますか？」とたずねてみます。

世間体を気にして子どもに結婚を急《せ》かす。それがずっと続けば、親子関係もダメになってしまいます。

親自身の不安な気持ちを子どもに押しつけるのはやめて、「みんなで仲良く暮らそうね」と言っているほうが、親も子もずっと幸せになれます。

「お前が結婚しないから」と言って雰囲気が悪くなっているような家には、お嫁さんもお婿さんも来たがりません。

逆に「楽しくやろうね」と言っていると、「私も楽しい家庭をつくりたい」という人が必ずやってきます。

結婚しなければ幸せになれない、などと思い込まないこと。

人からどう見えるかよりも、自分が幸せを感じるかどうかを基準にすること。

そうすれば、それまで悩んでいたことが、悩みでなくなるのに気づくでしょう。

そして、幸せに過ごしているあなたには、必ず同じように幸せに過ごしている人との出会いが訪れることでしょう。

「結婚イコール幸せ」というわけではありません。シングルのままでも、結婚してもどちらでもいいのです。〝幸せになる鍵〟は結婚相手ではなく、あくまであなた自身が持っているのです。

子どもは「この親」と決めてこの世に生まれてきます

人間関係の中でも、一生つながりが続く親子関係は、私たちの人生に大きな影響を与えます。

親子の間にあるさまざまな課題を解決することは、私たちが幸せに生きるためには欠かせません。

✳亡くなったお母さんが伝えてきたこと

「母はもう亡くなってしまったけれど、今でも許せません」という女性がいました。

「父を早くに亡くし、女手ひとつで私を育ててくれたのですが、私にはいつも『大変だ、大変だ』とか『心配だ』とか、そんなことしか言いませんでした。それが押しつけがましくて、すごく負担でした」と。

私はいつもカウンセリングでするように、幸せを念じながら彼女の手を取りました。すると、その場に彼女のお母さんがスッと現われたのです。

お母さんは、今まで家のことを何もやらなかった彼女が、お母さんの仏壇《ぶつだん》に毎日せっせとお茶やご飯をお供《そな》えしたり、お花を絶やさないように気を配ったりしていることを、うれしそうに教えてくれました。

「『あなたにそんなことができるとは思ってなかったわ。本当にがんばっているね』と褒めていらっしゃいますよ。

そして、『ひとりであなたを育てるのは大変だったけれど、あなたが生まれてきてくれて、ずっと最後まで一緒にいてくれて本当に幸せだった』と伝えて欲しいと言っています」

お母さんは自分の想いを、生きているうちに娘さんにきちんと口に出して言ってあげればよかったと、後悔されているようでした。

そう私が言うと、その方の目からはみるみる涙があふれてきました。

「一緒にいるのが大変だったと言いましたが、私は本当は母が好きだったんです。でも、私さえいなければ母はもっと幸せだったのではないか、母は私を愛していないのではないかといつも思っていました」

「お母さんはわかっていますよ。これからも、ずっとあなたと一緒にいると思いますよ」と伝えました。

「実は私、結婚するんです。家庭を持って母親になる自信がなくて迷っていたのですが、今日その迷いが消えました」

私にもその方の結婚は見えていたので、

「そうですね。もしあなたに子どもが生まれたら、『あなたがいて幸せ』といっぱい言ってあげてくださいね。

亡くなってから、私の力を借りないとわかり合えないようなことをしちゃダメだよと、お母さんが身をもって見せてくれているのですから、お母さんに感謝してくださいね」と言うと「わかりました」と泣きながら笑顔でうなずいてくれました。

肉親を許せない気持ちは、実は愛情の裏返しでもあります。身近な間柄であるほど、愛情やいたわりの気持ちを言葉できちんと表現することが必要です。

✴「私は父に愛されていない」……

「私はお父さんが嫌いです」という女性もいました。

「あまりしゃべらないから何を考えているのかわからない。お母さんにあれこれ言われて黙り込んでいる姿を見るのがイヤ。学生時代からずっと、必要なこと以外は口をきいていない」と言います。

その方から流れ込んできたビジョンから、男兄弟が三人続いて、最後にやっと生まれた女の子だとわかりました。彼女が生まれたとき、お父さんはものすごく喜んだのです。

それを彼女に伝えると「それはないと思います」と否定します。

そこで私は言いました。

「あなたが生まれてすぐに、お父さん、パチンコに行ってたでしょう」

「えっ？　どうしてわかるんですか？　そうなんです。母から『お父さんたら、パチンコに行ってくるって消えちゃったのよ』と聞かされていて、私、心の中で『私が生まれてもうれしくなかったのかな』と寂しく思いました」

「私には見えるのですが、お父さんは本当は、パチンコではなく友だちのところへ行ったんですよ。あなたが生まれたことがうれしくて、お酒を飲んで泣いていたんです」

それを聞いたその方も、泣き出しました。

お母さんは、お父さんを責めるつもりでその話をしたのではないのですが、本人は「私は愛されていない」と思ってしまったのです。

また、彼女は反発する一方で、お酒の好きなお父さんの体を心配する心の優しい女性でした。

「体のことを心配しながら飲むと本当に体によくないけれど、楽しみながら、笑いながら飲むんであれば大丈夫ですよ。今日はお酒を買って帰ったら？」

「はい。私もお酒は好きなので、今日は一緒に飲んでみます」

そう言って、その方は笑顔で帰っていかれました。


たとえ親子でも、ちょっとしたボタンの掛け違いで理解し合えなくなることがあります。そんな寂しい状況も〝親子の関係〟をもう一度見直すために必要だからあるのです。

✴「子どもの魂」は親を選んで生まれてきます

お子さんにつらくあたってしまう、手を上げてしまいそうになるお母さんたちも、相談にみえることがあります。

あるとき、「子どもといるとイライラすることがよくある。殴ったりしていないのに、おびえたような態度をとられてムカつくこともある」という方がいました。直接暴力をふるわなくても母親が、「イライラする」とか「この子ムカつく」と思っていれば、それは必ず子どもに伝わります。

でも相談者のお子さんは、お母さんをサポートするためにこの世に生まれてきたことが、私には見えました。お母さんには、いつも太陽のように明るい笑顔でいて欲しい、幸せでいて欲しいと、そのお子さんは健気にも願っています。それを伝えると、その方は涙を流しながら帰っていったのです。

二回目に来た時はお子さんも一緒だったのですが、そのお子さんはオドオドしたところなど少しもなく、とても強いきれいな光を放っていました。

話を聞いてみると「カウンセリングを受けた日、高津先生のアドバイス通り、子どもを抱きしめて『ありがとう』と言ったら、自分も子どもも変わった」ということでした。

数多くのカウンセリングをして感じるのですが、実は子どものほうが親よりすばらしい魂を持っていることが多いようです。

なぜなら、子どもは、自分の修行のために未熟な親や自分が多くのことを学べる親を選んで、この世に生まれてくるからです。

今世で、子は親に「生んでくれて、育ててくれてありがとう」、親は子に「生まれてきてくれてありがとう」と言い合える関係になれれば一番ですが、いろいろなことがあってうまくいかない親子もたくさんいます。

でも、元々は子どもが「この親」と決めて生まれてきたと考えると、親子のあり方もずいぶん変わるのではないかと思います。

子どもは親を選んで生まれてきます。親子や兄弟はこの世で一緒に修行をする大切な相手です。それぞれの魂を敬い、幸せな関係をつくっていきましょう。

さまざまな親子関係のご相談を受けていつも思うのは、言葉で思いを伝えることの大切さです。

*

私たちは、いつも一緒にいる相手に対して、思いを伝える努力をつい忘れがちです。

「言わなくても、伝えなくてもわかるでしょう」ということもあるけれど、身内だから、近くにいるからこそ、言葉できちんと伝えなくてはいけないことがあります。

言葉が使えるのは人間だけ。せっかく与えられたものですから、最大限に使ったほうがいいと思うのです。

家族が一緒にいられるというだけでも、とても幸せなことです。

失ってから気づくのではなく、日ごろから支えてくれる家族のありがたみに気づき、感謝の気持ちを表わしていきましょう。

Part 3

お金、仕事、夢……
よきことが雪崩《なだれ》のように起こる！

――使っていますか？〝一瞬で人生が大好転する素敵な魔法〟

三つの「幸せの法則」とともに、この章でご紹介する方法を実行していけば、神様からの応援はさらに強力になり、「いいこと」が次々と起こり始めます。

気がついたらあなたの望みは、すっかり実現していることでしょう。

財布は〝お金の家〟。住みやすくしてあげましょう

お金持ちになりたい人が、まず最初にすべきことはどんなことでしょう。それは、実際にお金を持っている人の真似《まね》をしてみることです。

私が知っているお金持ちの人は、みんな必ずお金を大切に扱っています。財布にお札を入れるときは向きをそろえて、ちょっとでも折れていたりすると、必ず直してから入れています。

また、お金持ちの人は、財布をいつもきれいな状態にして使っています。あなたの財布は、いらないレシートや使っていないカードなどがつまってパンパンになっていませんか？　お金の神様に好かれるためには、いらないものをためこまず、いつもす

っきりさせておきましょう。

財布は〝お金の家〟です。住みやすくしておけば、いつまでも中にいてくれますし、また帰ってきたいと思ってくれます。

また、お金持ちの人は、お金に「いい言葉」をかけています。ですから、あなたもお金を財布から出すときに、心の中で必ず「ありがとう」と言ってみましょう。

そうするとお金は喜んで、また仲間を連れて戻ってきてくれます。

お金にはお金の神様が宿っています。その神様に敬意を払い、大切にして、喜ばせれば喜ばせるほど、たくさんのお金が集まってくるのです。

お金が貯まるお金の使い方というのもあります。

それは、心から楽しみながら使うことです。

たとえば五千円あったとして、その五千円で自分ひとりでおいしいものを食べるのもいいと思います。でも、仲間との楽しい食事に使うなら、それは幸せのおすそ分けになり、まわりまわって必ずまたお金が返ってきます。

買い物好きな人なら、プレゼント好きになるといいかもしれません。

自分のためだけでなく、まわりの人のためにも気持ちよくお金を使うと、相手にも神様にも喜ばれて、ますます自分の幸せも増えていくのです。

お金は「大切にしてくれる人」に寄ってきます。使うときは楽しみながら使い、「ありがとう」と感謝して送り出すと、お金は喜んで必ずまた戻ってきます。

こんな人は、お金の神様に嫌われるので要注意！

お金に嫌われる行動は、お金に好かれる行動のちょうど裏返しです。

お金を粗末にすると、お金は寄ってこなくなります。

よく、テーブルの上などにポンと小銭を置いておく人がいますが、きちんと財布に入れておきましょう。

もし自分がお金だったら、そんなところに置き去りにされたら悲しいはずです。

買ってきた物を使わないでいるのも、お金をそのへんに放っておくのと同じです。

たとえば、あなたがどこかの会社に採用されたとします。

さあ仕事をするぞと「何をすればいいですか？」と聞いているのに、「あ、そこにいて」と言われたきり、何もさせてもらえずに一週間が過ぎてしまったらどうでしょう。もうその会社に恨みしか残りませんね。せっかく何かのお役に立てると思ってはりきっていたのに……。

すべて自分にたとえてみると、お金がそうされてうれしいかどうか、その人のそばにいたいかどうかがわかると思います。

そして、お金に関して否定的な言葉を使う人もお金に嫌われます。

タクシーに乗ったときなどは、私は「お釣りはいいです」とは言わないことにしています。

「いいです」とか「けっこうです」というのは、お金はいらないと言っているのと同じなので、その通りに入ってこなくなるからです。

その代わり「ありがとうございます」とか「ていねいに運転してくださったのでリラックスして乗ることができました」とか、感謝の言葉をかけるようにしています。

お金を貯める時も「貯まらないかなあ」ではなく、お金がこれだけ「貯まったら」何に使おうかな、今月はこれだけ「貯金しようかな」と楽しく考えていると、お金が増えていきます。

「何かあったときに困るから」と言って貯金をすると、貯まったころに必ず「何か」が起きて出て行くことになりますから、そういう〝心配貯金〟はやめましょう。

〝幸せの貯金〟をしようという気持ちで、楽しく貯めていってください。

人が高級なものを持っていたり、好きなだけお金を使っていたりするのを見て、ついうらやましくなる。そういう人も少なくないかもしれません。

でも、その人と自分を比べて落ち込んだり、「なんであの人ばっかり」とねたんだり、そういう気持ちを持つのはやめましょう。自分の波動が落ちるだけです。

人と比べることをやめると、焦りやねたみ、不満といった感情は次第に小さくなっていきます。そして、自分が今持っているものに感謝できるようになると、その波動で金運は必ず上がります。

たとえば自分が一万円持っていたら、「一万円持っていてよかった」と思うか「一万円しかない」と思うか。

お金がどんどん増えるのは、一万円持っていてよかったと思える人です。その人の心には、自分と一緒にいてくれるお金への感謝があるからです。

不満やねたみの心はお金を遠ざけます。金額に関係なく、自分が今持っているお金に感謝できれば、お金が増えて、ますます感謝の気持ちがわくでしょう。

お金持ちになりたいと思うことは恥ずかしいことではありません。

「どうでもいい」なんて言っている人のところにお金の神様はきてくれません。お金と〝いい関係〟を築きましょう。

「いらない物」を捨てて
すっきり暮らすと金運がつく

お金持ちの人は、お金同様、物をたいへん大切に扱います。気に入ったものは長く大切に使いますし、置き場所や収納にも気を遣います。どこかに置くときにも音を立てたりしないで静かにそっと置いています。

でも、物を大切にすることと、いらない物をとっておくことは、全く別の次元の話。使わない物、必要のない物を身の回りにあふれさせていると、あなたの金運を落とすことになってしまうのです。

カウンセリングをしているとき、相談者の方の部屋が散らかっている様子が見えることがあります。そんなとき、私は、「使わない物を捨ててください」とアドバイスすることがあります。

不要な物が場所をふさいでいることで、家の中の気の流れが滞り、必然的に金運を含むあらゆる運気が停滞するからです。

こんなふうに説明しても、「それでも捨てられない」という方もいます。

そういう方にはとりあえず、今使っていない物を集めて、ダンボールなどにまとめてくださいとアドバイスします。

昔は気に入っていたけれど、もう興味がなくなってしまった物。使うと思って買ったけれど使っていない物。壊れているけれど、なんとなく捨てられない物。それがあることさえ忘れていた物。

ダンボールの中身は、ほとんどが、あなたのお金で手に入れたものでしょう。

家の中のいらない物を集めると、百万円分ぐらいになることもあるものですが、ダンボールに集めた物を見ていると、「これだけいらない物にお金を使っていたんだ」

ということがわかります。

この時点で反省し、「よし、捨てられる」という気持ちになったら、潔くすべて捨てましょう。

すぐに捨てられなければ、ダンボールにガムテープでふたをして、一カ月間見えないところに置いてください。

そして、もしダンボールを一カ月間一度も開けなかったら、そのまま捨ててください。

たいていの場合、何が入っていたかも思い出せないはずです。

ただし、一カ月以内にダンボールから出して使った物があれば、それは必要な物ということですので、捨てなくてけっこうです。

私のこれまでの経験から言うと、お金がない人は、必ず必要以上に物をたくさん持っています。

物が必要以上にあるということは、よく考えずに物を買っている証拠です。おそらく衝動買いも多いでしょう。

家にあふれたものを一カ所に集めることをおすすめするのは、自分がどれだけムダなお金を使ってきたかが一目瞭然でわかり、ゾッとして衝動買いをしないようになるからです。

いらない物にはお金を使わない。本当に必要な物には喜んで使う。

そういうメリハリのあるお金の使い方をすると、お金は「自分を役立ててくれる」と喜び、あなたのところにまた戻ってきてくれるのです。

あなたの家の中にある〝ガラクタ〟は、あなたの運を低迷させている原因のひとつです。「不要品」をためこんでいませんか?

「人の得になること」をする人が、結局は得をします

悲しいことですが、お金をめぐって争いが起こることがあります。

相続のことでもめている方もよく相談にいらっしゃいますが、そういうときには「元々なかったものなのだから、争うのはやめたほうがいい」とアドバイスしています。

「手放すなり、相手が言う金額でＯＫしてください」と。

元々自分のところになかったお金なのですから、損をするわけではありません。

たとえば簡単なたとえで、自分と義理の兄弟と二人で二百万円を分けるという話があったとします。

そこで「あいつには五十万円しかあげたくない」と言って、自分が百五十万円を取るとします。

でも、その百五十万円は、なぜかすぐになくなってしまうことがほとんどです。**不思議なことですが、「争って得たもの」は、すぐに形を消してしまうのです。何か他のトラブルのために使わざるを得なくなったりして、絶対に残らないのです。**

逆に、「いや、百十万円あげるよ。いつもがんばってくれているから」と言えば、あなたは十万円、損をしているようですが、その人には後から十万円以上のものが入ってきます。

これは、仕事でも同じです。

どんな職業の人も、目先の利益を上げることばかり考えないで、ときにはできる範囲で値引きに応じるとか、おまけをつけてあげるとか、何か相手が喜んでくれるようなサービスを考えてみましょう。

自分がしたことが、必ず自分に返ってくるのが「波動の法則」です。

人を幸せにしようと思って何かをすれば自分に幸せが返ってくるし、自分だけがよければいいと思って行動すると、他のだれかから同じことをされるのです。

そのことをいつも忘れずに、人も自分も幸せになれるお金の使い方をしていきたいものですね。

自分さえよければいいと思っていると、逆に損をします。相手の幸せを願って相手の得になることをすると、お金が集まってくる速度が10倍になります。

「いつもお金が足りない」から脱出するカンタンな方法

「お金が入ってこないんです」と相談にいらっしゃる人。

そういう方は、自分でお金の流れを止めてしまっているケースがほとんどです。

たとえば、携帯電話の料金や、ひとり暮らしの人なら、水道代などの公共料金を期日を過ぎてもなかなか払わない人。なかには税金や保険料なども、催促《さいそく》が来てからやっと払っている人もいます。

そういう人には「あなたも大変でしょうけど、あなたからお金が入ってこない側も困っていますよね。

人に悲しい思いをさせていて、あなたにだけいいことは来ないですよ」とその人の問題点を伝えます。

どこかでお金の流れを滞らせると、結局は、自分に入ってくるものも入ってこなくなるのです。

先日は、「親にお金を借りて、毎月少しずつ返す約束をしたけれど、もう何カ月も返していない」という方がいました。

「何も言われないのですか？」とたずねると「たまに催促されるけど、『ちょっと待って』と言っている」とのこと。

それでいて、カウンセリング料を払って私のところへ来ているのです。

使えるお金があるのなら、まず借りたお金を少しでも返すのが筋ではないでしょうか。

お金を自分のためだけに使っていれば、金運は下がります。

逆に感謝の心を持ってお金を循環させていく人は、けっしてお金に困ることはありません。

カードなどの請求書を受け取ったときも、経済的にギリギリだったとしても「イヤだなあ」と思わないで、「払うだけのお金があってよかった、ありがとう」と言って払えば、その心に反応して、必ずまたお金が返ってきてくれるのです。

自分のことしか考えずに、自分のためだけにお金を使っていると、金運が下がります。

〝財布の色〟とか〝ラッキーカラー〟は気にしたほうがいい？

金運アップを願う人で、財布の色を気にする人は多いようです。

「黄色がいい」とか「貯め込むなら黒がいい」とか、いろいろな説があります。

私は財布は〝お金の家〟と考えていますので、どうせなら可愛い色の家がいいと思い、ピンクなどを選んでいます。

ラッキーカラーについてもよく聞かれますが、これは人によって違いますし、ピンクと言われたら一生ピンクがいいのかというとそうではなく、その人の変化に応じて変わっていくものです。

この色はいい、この色はダメとこだわるよりも、「自分が今持っているこの色がラッキーカラーなんだ」と思うほうが、運はずっとよくなります。

「天国言葉」を使うと波動がよくなるのと同じで、「これを持っている自分はツイている」「自分が持っているものは運をくれるものだ」と、自分が楽しくなる考え方をしていると、波動が高まって、「いいこと」ばかりが引き寄せられてくるからです。

ですから、いくら金運がよくなるといわれる黄色い財布を持っていても、お札をぐちゃぐちゃにして入れていたり、お金に対して否定的な言葉を使ったり、「あれがほしいのに買えない」とイライラしていたりすると、波動は下がり、金運もよくなりません。

逆に、お金持ちの人を見習って、お金をていねいに扱い、自分の使える範囲内で楽しんで使っていれば、財布の色が何色であってもお金は集まってくるでしょう。

ただ、「色の力」を借りて元気になれるということも確かにあります。

服装などはとくにそうですね。私は、元気がないときほど、明るい色を着て気持ちを明るくするように心がけています。

そういう意味で、財布に限らず、自分が好きで元気になれる色を、生活の中にうまく取り入れることも大切だと思います。

持っていてワクワクしてくる物、華やかな気持ちになる色。
それが、あなたのラッキーアイテム、ラッキーカラーです。
「毎日が最高にツイてる日」になります。

どんな人にも〝天職〟はあるのか

「天職」という言葉は、多くの人にとって魅力的な響きがあるようです。

天から与えられた特別な仕事……そんなイメージがあるのでしょうか。


カウンセリングでは「私の天職は何ですか?」という質問も多いのですが、そういうときは、私は決まってこう聞き返します。

「私が『あなたの天職はこれです』と言ったら、あなたは必ずそれにつきますか?」

そうするとみなさん「やらないかもしれませんね」と答えます。

いくら「これが天職だ」と言われても、ほとんどの人が「納得しないことはやらない」と決めているのです。

実は、「あなたの天職はこれです」と他人が断言できるような仕事はありません。

「天職についている人」というと、仕事で成功している人を思いうかべるかもしれません。しかし、仕事で成功している人というのは、その仕事が大好きで、だれよりも楽しくその仕事に取り組んできた人なのです。

目の前の仕事を好きになり、楽しむことで、それが天職になるのです。

「自分を生かす道はどこにあるんだろう？　見つからない……」という人。見つからないと言ってばかりいるから、見つからないのだと思います。

自分を生かす道は、実は目の前にあるのです。

斎藤一人さんは「『幸せ』、『幸せ』と言いながら歩いてきた道は、振り返ると幸せの道なんだよ。不平・不満、愚痴、泣き言を言いながら歩いてきた道は、振り返ると不平・不満の道だよ」とよく言います。

あなたも幸せの道をつくっていけるように、目の前の仕事の中に「ここが好き」

「これが楽しい」というものを見つけてみませんか。

目の前の仕事を楽しむこと、それがあなたの「天職」を見つける一番の方法です。

仕事運をアップさせたい人は、言葉を点検しましょう

仕事で成果を出すのに、努力は欠かせません。

でも、がんばっているのに仕事がうまくいかない、評価してもらえない、収入が上がらない……そんな状態に陥っているとしたら、あなたは地獄言葉が口グセになっている可能性があります。

同僚とお酒を飲みに行って、上司の悪口を言っていませんか？　友だちと電話やメールで、職場の愚痴を言い合っていませんか？

「波動の法則」によって、「イヤだ」「うまくいかない」などと言えば言うほど、そう

いう出来事が起きてしまいます。

「地獄言葉」とはすっぱり縁を切り、「天国言葉」を口グセにすることです。

すると、ツイてると思えること、感謝したいことがどんどんやってきます。

また、「私は地獄言葉を使っていないけれど、なかなか努力が実らない」という人は、それは「何かが違っているよ」と神様が教えてくれているのです。もしかしたら、がんばる方向性が間違っているのかもしれませんし、自分の魂が本当にやりたい仕事は別にあるのかもしれません。

そういうときは「ここで一度立ち止まって、今までの仕事を振り返ってみよう。それから、また一歩ずつ進んでいこう」と気持ちを切り替えましょう。

また、「がんばる」という言葉ですが、「頑張る」という字は頑固に意地を張っている感じなので、どうせ使うなら、「顔が晴れる」と書いて「顔晴《がんば》る」という字を当ててイメージしてみてください。そうすると肩の力が抜けて楽しい感じがするし、同じ努力をするにしても、自分が好きでやっているという前向きなイメージが持てると思います。

仕事はうまくいくから楽しいのだと思っていたら、それはちょっと違います。

楽しむからこそ、うまくいくのです。

神様はあなたの「晴れ晴れとした顔」が大好きです。素敵な笑顔と、天国言葉で、毎日「顔晴《がんば》り」ましょう。

だれでも「上司」や「同僚」との関係で悩むものですが……

会社勤めをしている方から仕事に関する相談も多く受けますが、上司や同僚との関係で悩んでいるケースが目立ちます。

でも、職場の人間関係がどうであろうと、結局そこで大事なのは「自分」がどのようなスタンスで仕事に臨むかです。特に、大切なのは、今の仕事ができることに感謝できているかということです。

たとえば、働ける健康な体、仕事を与えてくれる場所、生活できるお給料、「ありがとう」と言ってくれる仕事相手……。あなたがどんなに多くのことに恵まれているかを思い出しましょう。

そうしたものに感謝できる自分になれば、職場の人間関係は必ずいい方向へと変わっていきます。

上司に叱られても「このくらいは当たり前だ」と思って「ありがとうございます」という気持ちをもつといいでしょう。

「きついことを言われた」という部分にこだわるのではなく、「注意されたことで、同じ間違いを繰り返さずにすむ」「この次はこうしてみよう」というふうに、前向きに考える材料にしてみましょう。そうすると、そこには感謝が生まれます。

「言ってくださってありがとうございます。感謝します」という気持ちを持つことで、仕事の能力も、自分の魂も成長させていくことができるのです。

起きている問題をイヤなことと解釈するか、それともいいことに変えてしまうか、それを決めるのは自分自身です。

「こんな注意、役に立たない」と思うか、「大事なことを教えてもらってありがとう」と思うか、それも自分の自由です。

どれも自由に選択できて、それによって自分の波動が変わり、運命も変わるということなのです。

どんな出来事にも〝感謝の種〟は見つかります。
仕事の悩みも〝感謝〟に変えてしまえば、あなたの波動は高まります。

転職してうまくいくのは「逃げない人」です

「今の仕事は自分に合う仕事ではないので、転職したい」

そういう相談者にお会いすると、私は必ず理由をおたずねします。

すると「○○がイヤだから」という言葉が返ってきます。

でも、何かをイヤだと言っているうちは、たとえ職場を変わっても同じことが起きます。

別の場所へ動いても、イヤだという気持ちを消化できないうちは、そのイヤなことが必ずついてくるし、どこへ逃げてもそれは追いかけてきます。

これは人生における絶対的な法則です。

すでに転職を経験している相談者でも、「前にいた職場も、今と同じではなかったですか?」と聞くと、みなさんそうだとおっしゃいます。

「これがイヤだから辞めたい」と思っている人は、まず「会社のために役に立とう」と視点を切り替えてみてください。

「これは私にとってどれだけプラスになるのか、得になるのか」と、自分中心に考えていると、「あれも不満、これも不満」となってしまいます。

でも、「私が仕事をすることで、会社にどれだけプラスを与えられるだろうか。会社に貢献できるようになってから辞めよう」と思って行動すれば、いつの間にか仕事にやりがいが生まれます。

楽しんで仕事ができるので、すべてがいい方向に向かいます。

今の会社で思いがけなく出世するとか、だれかに別のいい仕事を紹介されるとか、必ずうれしい変化がやってきます。

だれでも、与えられた課題をクリアする力をちゃんと持っているのです。

「神様は、あなたに背負えない荷物は背負わせない」という言葉が私は好きです。

それから、このエピソードもとても気に入っています。

ある街にやってきた男が、街で出会った女性に「この街はどんな街ですか？」とたずねると「あなたがいた街はどんな街でしたか？」と反対にたずね返されました。

男が「すごくイヤな街でした」と答えると、「じゃあこの街も同じでしょう」と女性は言いました。

また違う男がその女性に同じことをたずね、同じ質問に「すごくいい街でした」と答えると、女性は「じゃあこの街も同じでしょう」と言いました。

（『こころのチキンスープ　「小さな奇跡」の物語《ストーリー》には人生を変える力があります』〈ジャック・キャンフィールド編著／三笠書房〉）

今困難にぶつかっている人も、自分の心ひとつで状況を一変させることができます。

逃げないで、まわりのせいにしないで、「どうしたら会社や人の役に立てるだろうか?」と考えるところから始めてください。

〝楽しみながら〟が夢を叶える一番の近道です

あなたには「夢」がありますか？

「こうなりたい」という夢は、私たちにパワーをくれます。そして、夢を叶えるまでのプロセス自体が、私たちの魂にとって、すばらしい経験・学びになります。

今、叶えたい夢があるという人は、ぜひ、楽しみながらその夢へ向かっていってください。

たとえば歌手になりたいなら、いきなりプロになるのは難しくても、それに近いことで何ができるかを考えてみましょう。友だちとカラオケに行ったときに、みんなが楽しめるような、元気の出る歌を聴かせてあげるというのも素敵だと思います。

お子さんのいる方でも、もしその子がサッカー選手になりたいと言ったら「それはいいね」と言ってあげてください。

それがたとえ野球選手に変わっても「それもいいね、きっと大丈夫だと思うよ」と言ってあげてください。

それを「サッカー選手って言っていたじゃない」とか「こんなにお金をかけて、送り迎えもしてあげているのに」などと言ってムリヤリ続けさせたりすると、夢だったこともイヤになって、次にやりたいことも出てこなくなってしまいます。

大人も子どもも、楽しみながら夢に近づいていくことが一番大切なのです。


たとえば、フラワーアレンジメントの講師になりたいという人。

早く上のクラスへ行きたい、資格を取りたいと焦っていると、今を楽しめなくなります。

「今日の課題のこのお花を、精一杯美しくアレンジしてみよう」というふうに、学んでいくプロセスをていねいに楽しみましょう。

お金持ちになるのが夢、という人もけっこう多いようです。

「たとえば一億円貯めたいというなら、それは夢というよりも計画にしなさい」

これは、斎藤一人さんの言葉です。

夢でなく計画ととらえると、具体的に、五十歳までにこれくらい、四十歳までにこれくらい、三十歳までにこれくらいの金額というのが決められます。

それを一日にしたらいくらになるのか、**「大きい目標をひとつ、小さい目標をたくさん」**つくっておくと叶いやすいのです。

そして、一億円が貯まるまでのプロセスを、やはり楽しんでください。

夢や計画の実現も大切ですが、それに向かってどう過ごすかが大切です。

「今の私にはとくに夢がない」という人も、きっといるでしょう。

でも私は、夢が見つからなくても気にすることはないと思います。

ご自分の経験から、「夢を見てワクワク生きろ」とか「夢は大きくもったほうがいい」といったアドバイスをしていらっしゃる方も世の中にはたくさんいます。

なかにはそういう言葉を聞いて「私はそんなふうに生きていないし、大きな夢もないし……」とマイナスの方向に考えてしまう人もいますが、落ち込む必要などまったくないのです。

夢は無理に見つけるものではないですし、途中で何度も変わったとしても、それはそれでかまわないと思います。

夢のあるなしに関係なく、今を楽しく生きることに専念してください。いつも幸せな心でいれば、未来も必ずそうなります。

「ワクワクする気持ち」が夢を叶えるエンジンです。〝楽しみながら〟が一番大切なのです。

「成功」ではなく「成幸《せいこう》」をめざしましょう

私にとって、仕事で成功することは「成幸」と書き表わすことができます。

幸せに成ること、これが成功だと思うのです。

もし、お金とか地位とか名誉とか、世間で言われる成功の要素がそろったとしても、自分自身が幸せを感じられなければ、それは形だけのものです。

そして、もし自分が幸せでも、まわりの人が幸せになっていなければ、その成功には何の意味もありません。

そもそも、人は何のために仕事をするのでしょうか。

「はたらく」という言葉の意味は、「傍《はた》が楽になる」ということ。つまり、働くのはみんなを幸せにするためです。そして「成幸」も、自分のことだけではありません。まわりの人や自分が幸せになって初めて「成幸」です。

「成功したい」という人はたくさんいるでしょう。

今自分の頭の中にある成功がどういうものか、ここに書いたことと照らし合わせてもう一度考えてみてください。

自分だけが幸せになって、まわりは幸せではない。まわりの幸せのために一生懸命にやっているけれど自分は幸せでない。どちらも「成幸」とはいえません。

自分の欲だけではなく、まわりのためだけでもなく、まわりと自分、両方の幸せを思いながら、与えられているものに感謝して毎日を積み重ねていくことが「成幸」につながるのです。

たとえば、所得が多くなればなるほど、納める税金も半端な金額ではありません。

累積納税額日本一になった斎藤一人さんは、

「自分が払った税金でいい道路ができると思えば幸せだし、いつも通らせてもらっている道路の役に立てるのもうれしい。

税金でいい公園ができて、子どもたちに楽しく遊んでもらえたら、やっぱり自分も幸せと思えるんだよ」

と言っています。

税金を「とられる」とか「イヤなもの」と思わず、人も自分も幸せにしてくれる素敵なものと考えれば、本当にそうなるのです。そして、税金をたくさん払えるだけのたくさんの収入も、ちゃんとやってくるのです。

「成幸」への道は、スピリチュアル・パワーを高めて自分を磨いていく道と重なっているのです。

仕事は「成功」するためにするものではありません。自分やまわりの人が「幸せに成る」ためにするのです。その結果として富や名声がついてきます。

Part 4

心と体が気持ちのいい幸せオーラに包まれる!

――気づいてますか? 「魂」と「心と体の健康」との不思議な関係

魂と心と体が調和しているとき、私たちは一番幸せでいられます。そのバランスを上手に取ることは、この世で生きていく上での重要な課題です。

この章では、魂と心身の健康を保つことで得られる感動や幸せについて、そして、それを、まわりにも広げていくにはどうしたらいいのかを考えていきましょう。

「いい言葉」と「太陽の光」が健康な心身には欠かせません

「自分は何のために生きているのでしょう」という質問を受けることがあります。それにどうお答えしたらいいだろう？　と考えていたときに、ふと次のような言葉が降りてきました。

――生きているということは、生きて欲しいと願う神の愛です

だれもが等しく神様の分け御霊《わ　みたま》、つまり神様から命をもらっています。私たちは、神様が、私たちに生きて欲しいと願っているからこの世に生まれ、そして生きているのです。

ですから、その神の愛を受けた自分の体を愛し、いたわり、大切にメンテナンスすることは、幸せな人生へつながる近道です。

さらに、体と心と魂は密接につながっていますから、「真の健康」を手に入れるためには、この三つがともに健全であり、調和が取れている必要があります。

このバランスが崩れていると感じたとき、私は「いい言葉」「太陽の光」「自然」の力を借りて調子を整えます。

「いい言葉」には、他人だけでなく自分も元気にする力があります。天国言葉を使って〝いいエネルギー〟を充電しましょう。

たとえ、今日はだれとも会う予定がないというゆったりとした休日、部屋の観葉植物に「ありがとう」とか「きれいだね」と話しかけてみましょう。

ペットを飼っているならペットに「かわいいね」「ありがとう」と言うのもいいでしょう。

観葉植物がよく枯れてしまうという人に、日ごろ使っている言葉を聞いてみると、不平・不満が口グセになっている人がほとんどです。

植物が「心身によくない言葉を口にしていますよ」と教えてくれているのです。意識していい言葉に変えていきましょう。

それから、部屋の中には必ず、外の光を入れましょう。

「太陽の光」には、〝生命エネルギー〟を高める力があります。

部屋の日当たりがよくないという人も、カーテンをきちんと開けるとか、そういう小さなことを欠かさないでください。

直射日光を浴びなければいけないというのではなくて、外から光を入れることが大切なのです。

私は自分の部屋のカーテンは、遮光《しゃこう》ではなく普通のカーテンを使っています。そうすると、自然に光が入ってくるので朝の目覚めもいいし、毎日とても気持ちよくすごせます。

「自然からのパワー」には、〝心と体を癒す効果〟があります。

仕事のある日も、ランチタイムに外の空気を吸いに行くとか、公園など、緑のあるところへ行くのもいいと思います。窓から外の緑を眺めるだけでも違います。

公園などでは、木々や植物に「きれいだね」「ありがとう」と、まずは自分から声をかけてみましょう。そうすると、それを受け取った植物たちからパワーが返ってきますよ。

私たちは、神様に望まれて生きています。
私たちの心と体をサポートしてくれる「いい言葉」「太陽の光」「緑の力」を大切にしながら生きていきましょう。

病気は〝悪いもの〟〝不幸なこと〟ではけっしてありません

もし、今、あなたやあなたの大切な人が、重大な病気になったとしたら——。想像したくもないことですが、私にもみなさんにも、生きている限り病気になる可能性はあります。

ひと口に病気といってもいろいろありますから一概には言えませんが、病気の中には、自分自身の思いや行為が原因となっているものもあります。

よく「病は気から」と言われるとおり、怒りや憎しみ、不満といった〝ネガティブな波動〟が病気や不調を引き寄せるのです。

反対に、うれしいとか楽しいといったポジティブな感情には、体の苦痛をやわらげたり、治したりする力があります。

ですから、病気になったときは、痛みや苦しみ、不安といったネガティブな側面にあまりとらわれすぎないようにしましょう。

病気は、本当につらく、苦しいものです。でも、同時にいろいろなことを教えてくれます。

病気になって、初めて健康のありがたみに気がつくという人もいるでしょう。家族の絆が深まった、人の優しさ、思いやりの深さに改めて感謝できたという人もいるかもしれません。

体だけではなく、心と魂が休息を求めていたということに、ようやく気がつけたという人もいます。

病気を「自分の心のあり方、言動などを見直してください」というメッセージととらえ、学びに変えていきましょう。

そして、感謝、笑顔、いい言葉を使って、ポジティブな波動を出しましょう。それが必ず、治癒、健康につながっていくはずです。

病気が見つかるのは、神様がもっと生きて欲しいと願っているからです。治ると信じて、本人もまわりの人も明るく過ごすことが、その人の自己治癒力を引き出します。

家族がもし重い病気になったら……

病気の方を支える家族は、その方が治るところ、よくなるところを具体的にイメージしてあげることです。

大変つらいとは思いますが、一緒になって悲しんでしまったり、絶望しないでください。

以前、自閉症のお子さんを持ったご両親の相談を受けたことがあります。いつものように、幸せを願いながらお母さんの手を取ると、お子さんの映像が私に流れ込んできました。しゃべらないし声は出さないけれど、よく笑っています。

お母さんによると、生まれたときから表情に乏《とぼ》しく、二歳のときに自閉症と診断されたのですが、四歳のときから笑うようになったのだそうです。

「でも、しゃべらないんです……」

「お子さんは、何のために生まれてきたか知っていますか？」

「いいえ、わかりません」とお母さん。

「あなたとご主人に『笑って』と言うために生まれてきていますよ」

その言葉で、ご両親が泣きだしました。

「しゃべらないからといって、あなたたちも話しかけていませんよね？　今日から『○○ちゃん、ママだよ。ママはあなたのこと大好きなんだよ』とか『ありがとうね』と言ってあげてくださいね。お父さんもですよ」

後日、お母さんから電話があって「みんなでずっと子どもに『ママだよ』『大好きだよ』『パパだよ』『おばあちゃんだよ』と話しかけていたら、たったひと言だけど『ま』ってしゃべりました」と、涙ながらに報告してくださいました。

初めてお子さんの言葉を聞けて、とてもうれしかったそうです。

「この子に教えられたことがたくさんあります。これからは一緒に成長していきたいと思っています」と言われ、心から「よかった」と思いました。

「病気だから、無理だ」と、最初からあきらめていたのはご両親のほうだったのです。その思い込みから抜け出して、お子さんの力を信じられたとき、お子さんの眠っていた可能性が目覚め始めたのです。このお子さんは「信じること」「希望を持つこと」の尊さを教えに来てくれたのですね。

よくなって欲しいと願うのなら、病気の人がよくなった姿を想像してください。その人の幸せを願う家族の思いは、とても大きな力になります。

もっとポジティブな自分になるには？

先日、私は自宅の庭で転んでしまいました。

そのとき「幸せだ」と思いました。なぜなら、転ばなければ目にしなかった場所、花壇と縁側の間に、可愛い花が咲いているのを見つけられたからです。


その日のカウンセリングの前の雑談でその話にふれ、「今日、いいことがあって幸せだったんですよ」と言うと、相談者の女性がこんなことを打ち明けてくれました。

「実は私、今日、家を出てくるときにすごくイヤなことがあって……」

お子さんのいる方で、家を空けると保育園のお迎えにいけないとかで、お姑さんやご主人に何か言われたようでした。

「それでも、駅で偶然会った知り合いが『代わりに行ってあげるわ』と言ってくれて、解決したのです。でも、ここへ来て先生の話を聞くまでは、その人たちに『ありがとう』と思うよりも、その前に家族に言われたことばかり気にしていました。家に帰ったらまた何かを言われるだろうなとか……。でも、そうですよね、何でもいい面を見たほうがいいですよね」

その通りなのです。

これから先のことを心配して、今をダメにしてしまう「**取り越し苦労**」もよくないし、「過去があんだったから、こうだったから」と、すでに終わったことまで持ち出して心配する「**持ち越し苦労**」もやめましょう。

今、幸せなら「幸せ」と言う、それでいいのです。

カウンセリングでいろいろな方とお話ししていると、こんな方もいます。

「そうですね」と一度納得した後、そこで終わらず、また「実は、自分の弟がこんな状態で……」と人のことを持ち出してきて苦労し始めるのです。

これは「**持ち出し苦労**」です。心配な気持ちもわかりますが、まず、それをやめてください。人のことを持ち出してまで自分が苦労する必要はないのです。

まず自分が「幸せだ」と光り輝くこと。

まわりを心配して自分まで暗くなってしまうと、全部が闇になってしまいます。

反対に、自分が明るく楽しくして光を放っていると、まわりの闇は少しずつなくなってきます。あなたが放つ光が希望の光となって、まわりの人も幸せになっていくことができるのです。

「取り越し苦労」「持ち越し苦労」「持ち出し苦労」……苦労はしようと思えばキリがありません。あなたは、無駄な苦労をしていませんか?

マイナス思考からうまく抜け出す方法

「私はマイナス思考なんです」という人も、**それに気づけただけで、もうマイナス思考ではありません。**

本当のマイナス思考の人だったら気づかないし、口に出せません。もうプラス思考を始めているのですから、大丈夫。

考え方を少しずつ明るくしていったり、いろいろなことを楽しむ工夫をしていけば、みるみる変わっていくことができます。

私は落ち込みそうになったら、わざと明るい色の服を着て、明るい笑顔で、つとめて、いつもより元気にふるまいます。

人から「悩んでいるなんてわからなかった」と言われたら、「やった。人に向かってマイナス印象を与えていなくてよかった」と、うれしくなります。

マイナスに気持ちが傾いたとき、そちらばかりに注意を向けると、生活が憂うつ一色になってしまいます。

一見よくないことにもプラスの面は必ずありますので、意識してそこに注目してみましょう。

それからたとえばペットと楽しく遊ぶのもいいし、面白い本を読むのもいいですね。きれいな色のネイルを塗って指先から元気になるのもいいでしょう。

そうしているうちに、心は自然とプラスのほうへ向かっていくでしょう。

そばにいる人たちも、**不幸そうなあなたより、幸せそうなあなたを見ているほうがずっと幸せなのです。**

自分のためにもまわりのためにも、自分のそばにたくさんある「幸せの種」に目を向けることが、プラス思考に転換するコツです。

暗くなったら、部屋に照明が必要なように、落ち込んで心が暗くなったときは、「天国言葉」や「ポジティブシンキング」「明るい笑顔」が特に必要なのです。

「イヤなこと」にあうのは魂が向上するラッキーチャンス！

こちらに悪意がないのに、人に誤解されたり、心ない言葉をぶつけられる。残念なことですが、人生ではそういうこともあります。

そういうときは、こんなふうに考えるといいと思います。


飛行機は、空気の抵抗がなければ飛べません。抵抗があるからこそ、上昇気流に乗って空高く上がっていけるのです。

つまり、あなたがより心の広い人間、器の大きい人格を手に入れる過程で、ちょっとした抵抗やトラブルにあうのは、避けられないことなのです。

そういう現実があるなら、他人のちょっとした言葉に傷ついて動揺して気分を暗くするよりも、自分が明るくいられるような考え方を選ぶことです。

恨んだり文句を言ったりしても、それでどうなるわけでもありません。かえって自分の運が落ちるだけです。

困ったことやイヤなことがあったら、飛行機と同じで、空高く飛び立つためのチャンスととらえましょう。


また、仏典にこんなエピソードがあります。

あるとき、バラモン（ヒンドゥー教の祭司）がお釈迦様のところに怒鳴り込んできました。

怒りをぶつけるバラモンに、お釈迦様は「主人がお客に出した食べ物をお客が食べなかったら、その食べ物は、主人のものか、客のものか」と問いました。

バラモンは、「それはもちろん出した主人のものだ」と応じます。

お釈迦様はわが意を得たりと、「あなたが持ってきた怒りを私は受け取りません。あなたが持って帰る以外にないのです」と言いました。

このエピソードのように、「**悪意は受け取らない**」と決めておくと、他人の心ない言葉や言動に傷つくことはありません。

さらに、悪意をぶつけてきた相手に対しては、恨みを抱くのではなく、幸せを願ってあげるといいでしょう。

あなたが受け取らなかった悪意は、結局はその人の元へと返っていきます。反対に、自分が人に悪意をぶつけたときは、自分に返ってきます。

それならやはり、**悪意をぶつけるよりも、好意を届けたほうが相手も自分も幸せになれるのですからずっといいと思いますよね。**

苦しい経験は、次に訪れる「うれしい物語」のプロローグにすぎません。苦しみから逃げずにページをめくっていけば、すばらしいエピソードが始まります。

「自信」とは自分を信じることから始まります

いろいろなことがあって、人を信じられなくなってしまった。もう自分しか信じられない。そんなふうに、かたくなに身を守ろうとしている人がいます。

でも、そう考えているとき、実はその人は自分を信じられていません。

また、自信がない人は、何かの目標に向かっていくとき、「自分ではダメなのではないか」と不安でいっぱいになってしまい、がんばることができません。

自分を信じることはすべての基本です。

自分を信じることができれば、他人もまた信ずるに値する存在だということがわかります。

自分を信じていれば、どんな困難があっても物事を最後までやりとげることができます。

では、そういう自分になるにはどうしたらいいのでしょうか。

私は、言葉から入ることをおすすめします。

「自分を信じます」という言葉と「大丈夫」という言葉を、毎日自分に言い続けてください。何もしないで、いきなり百パーセント信じなさいと言っても無理でしょうから、「言葉の力」を借りるのです。

繰り返し口に出した言葉は、強力な言霊《ことだま》になります。

「大丈夫、私は自分を信じています」と言い続けると、やがて心が変わってきます。「自信」とは自分を信じると書きます。心の中に自信が芽生え、グングン成長していきます。

心がいい方向に変われば自分が引き寄せる人、物、出来事が変わり、いいサイクルが生まれてきます。それによって、さらに「大丈夫」という意識が強まり、よりいっそう自分を信じられるようになっていきます。

「自分を信じます」「大丈夫」――今日からこの二つの言葉をお守りにして、自分への信頼を育てていってください。

「幸せだ、おかげさまで、ありがとう」を忘れていませんか？

自分を変えることができた。すごくネガティブだったけれど、いきなりすごくポジティブになれた！

そういう早い変化を遂げる方もたまにいます。

ただ、そういう場合は、いきなりポンと変わったために、何かのきっかけでまたポンと戻ったりすることがあります。

「こうしなければ」と焦って自分を変えようとすると、そういう反動が来ることもあるので、焦らないことが一番です。焦りからいいことは起きません。

自分らしく一歩ずつ進んでいけばいいのです。

また、恋や仕事で、自分でも信じられないくらい、うまく事が進んだときこそ、注意が必要です。

「こんなに幸せでいいのかしら」とか「こんなすばらしい愛が続くわけがない」などと考えてしまうと、そういう現実を引き寄せてしまうので、そういう考えは頭の中から追い出しましょう。

最高にうまくいっているときほど「幸せだ、おかげさまで、ありがとう」と言いましょう。

人から「よかったね」と言われて、「おかげさまで」とよく言いますが、おかげというのは、「あなたのおかげ」というのもありますが、自分のご先祖様のおかげという意味なのだそうです。自分のかげにいてくれる人たちに対して言うわけですね。

物事は、自分ひとりではうまくいきません。

うまくいっている人も、みんなのおかげでそうなっているのに、「自分が」とまわりが見えなくなってしまうと、成功しても幸せを感じられなくなります。

どんなにお金持ちでも、ひとりで寂しく過ごしていたら「幸せだ」と思うことはできないでしょう。

それなら、たとえば今月は少しお金に余裕があると思ったら、「日頃の感謝を込めてお母さんにプレゼントを買ってあげようかな」とか、少しでも人と幸せを分け合うことを考えましょう。

いろいろな人のおかげで自分の今があることを忘れなければ、ポジティブな気持ちは続いていくし、いいことも、さらにどんどん起きてくるでしょう。

物事がうまくいったら、まずたっぷりと喜びを味わいましょう。そして、さまざまな人たちの支えに感謝する。そうすると、ますますいいことが起こります。

〝理想の自分〟と競争してもしかたありません

「コンプレックスなんて全くありません」という人は、ほとんどいないのではないでしょうか。

スマートで素敵に見える人が「やせすぎていてイヤ」と思っていたり、はたから見ると理性的で慎重な性格でまわりからの信頼もあつい人が、「自分はマイナス思考で消極的だ」と思っていたりと、自分のすべてに満足している人には私も会ったことがありません。

多少のコンプレックスなら、それをバネにがんばれるので悪いとは思いません。でもあまり気にしすぎて、前へ進めなくなってしまうようでは困りますね。

自分のここがイヤ、ここが人より劣っている……そういうことを考えるのが好きという人はいいのです。でも、そうでないならやめましょう。

自分のコンプレックスや好きになれないところをあなたはこの先十年間、考え続けていられますか?

カウンセリングでそうたずねると、みんな「考えていられない」と答えます。

「だったら、十年後にやめるのも今やめるのも同じだから、今やめて違うところを見ましょう」とおすすめしています。


何かを考える時は、いつも楽しいほうを選んでください。

欠点よりも長所を考えるほうがだれだって楽しいはずです。嫌いなところよりも好きなところに目を向けましょう。


コンプレックスがある人は、だれかと自分を比べる気持ちが強いようです。「あの人に比べて自分は……」などと考えるよりも、「自分が今よりもいかに素敵になるか」自分に基準を置いてみましょう。こうなりたいと思う人を目標にして「近づくために何ができるだろうか」と考えて、少しずつでもそれを実行していきましょう。
もし、人から雰囲気が暗いと言われたことがあるなら、明るい色の服を着てみるとか、鏡を見て笑顔の練習をしてみるとか。

何も行動に移していない人に限って、いつまでも悩んでしまいがちです。変えられないものはあるにしても、自分がもっと楽しくなるために自分でやれることはいっぱいあります。さあ、今から一歩踏み出してみましょう。

人と比べたり、理想の自分とのギャップに落ち込む必要はないのです。自分の好きなところに思いきり注目しましょう。

眠る前におすすめの「気のリセット」法

なんとなくやる気が出ない。気分を変えて仕切り直したい……。そう思うときは、たいてい心も体も疲れていることが多いものです。

そんなときには、次のような「気のリセット方法」を試してみましょう。

自分の「気」をスッキリさせるには、瞑想《めいそう》することもひとつの方法ですが、私がおすすめしたいのは、眠る前に人のために祈ることです。

感謝の言葉と一緒に「**今日会った人にすべてのよきことが雪崩のごとく起きます**」と言ったり、もし個人的に思いを届けたい人がいるなら、その人に向かって同じように言うといいでしょう。

また、もし知り合いに具合の悪い人がいたら、心配するよりも、その人が元気になった姿を想像してあげることが本当のお見舞いになります。

その人が退院して「ありがとう、すっかりよくなったよ」とニコニコしているところを想像してあげたりすると効果的です。

あなたの気持ちは絶対に伝わりますので、ぜひ試してみてください。

人の幸せを願うと、心の中がきれいに浄化されます。もちろん、そのあとは自分のためのお祈りを付け加えてもいいのです。

〝祈りの言葉〟には人間の「気」を浄化し、オーラを清らかにする効果があります。眠る前だけでなく、一日に何度でもいいですから、だれかの幸せを祈りましょう。

Part 5

スピリットたちはあなたが〝開運情報〟に気づくのを待っています

――スピリチュアル・メッセージをこの世で本当に生かすには？

スピリチュアル・パワーが高まると、不思議なことを経験したり、〝目に見えない存在《スピリット》〟からのメッセージや、開運情報にふれる機会も増えてくるでしょう。

この章では、スピリチュアルな世界との関わり方、そしてそれを人生に生かしていくための方法についてお話しします。

「前世の記憶」の残っている人

斎藤一人さんと私は、今世だけでなく、前世において何度も「師匠と弟子」として過ごしています。ある前世では、一人さんは位《くらい》の高い陰陽師《おんみょうじ》で、私は巫女《みこ》のような仕事をしながら、人々の相談に乗っていました。

その巫女時代に出会っていたある男性と、ふとしたきっかけで今世でも交流を持つことになりました。その方はKさんといいます。

初めて会ったとき、私はKさんの手にはっきりと見覚えがありました。前世でもKさんの手を取り、相談を受けたことがあるのです。

Kさん自身もスピリチュアルな能力を持った人で、前世の記憶が残っていました。そして「あなたのところへ何回も相談に行った。自分は家族と離ればなれになったり、大事な人を失ってしまったことを悲しんでいた」と言います。

私はその話を聞いたあとしばらく、「前世で相談を受けたとき、私はどういうふうに答えてあげていたんだろう？」と考え続けていました。

そして、ふとひとつの言葉が思い浮かんだのです。

――多くの季節があなたの心を癒《いや》すから、絶対大丈夫

そのことをメールでKさんに伝えると、すぐにKさんから電話がかかってきました。Kさんは泣いています。

「メールを読んだら涙が出てきちゃって……うちの奥さんも泣いています。彼女の名前は〝多くの季節〟と書いて『多季《たき》』っていうんです」

実は、Kさんはその奥さんと一緒に何回も生まれ変わり、男女で入れ代わりながら何度も夫婦として共に生きてきたのです。

前にも書いたように、**私たちが今世で出会う人は、必ずどこかの前世で出会っています。**

でも、何度も一緒に生まれ変わって何度も夫婦になるというのは、魂同士によほど深いつながりがあるということです。

そういう意味では、Kさんと奥さんは、まさにお互いが「運命の人」といえます。

でも悲しいことに、二人は何度出会っても必ず死に別れ、離れてしまう運命を繰り返していました。

前世で、私はKさんからそのことに関して相談を受けていました。そのときに私が言った言葉が「多くの季節があなたを癒す」だったことを、私は思い出したのです。

つまり、今世では生き別れてしまったけれど、次の人生で必ずまた会える、また共に生きていける、ということを私は前世で彼に伝えていたのです。

その言葉通り、Kさんは今回の人生で、「多季さん」という名前で生まれ変わった奥さんに出会い、支えられているのです。

Kさんは今は元気ですが、病気で二年間働けなかったことがあります。そのときも奥さんがひとりで働いて生活を支えてくれたといいます。

「今も、多くの季節に癒されています」と話す彼は、いくつもの前世で抱えていた「別れの悲しみ」が今世で癒され、心から幸せを感じながら生きていけるでしょう。

夫婦や親子、兄弟など、今世で深い関わりを持つ人は、何度も一緒に生まれ変わっている「運命の人」である可能性があります。

「ソウルメイト」という言葉にとらわれるのは危険です

前世であらかじめ出会うことを決めてきた間柄は、「**ソウルメイト**」と呼ばれることがあります。Kさんのケースからもわかるように、そういう関係は実際にあります。「袖《そで》触れ合うも他生《たしょう》の縁《えん》」という言葉の通り、今関わっている人たちとは、ほとんど必ず前世でも出会っています。ひとつ前の人生かその前の人生かはわかりませんが、絶対に自分に必要で関わってくれた人たちなのです。

前世では仲のよかった人と今世はケンカになり、「争いはよくない」と学ぶようなケースもあります。その逆もあります。

その意味では、この世で関わるどんな人もソウルメイトといえるでしょう。

でもひとつ気をつけたいのは、その言葉にあまりとらわれると、現実が見えなくなってしまうことがあるということです。

先日、カウンセリングにみえた女性も、「彼とつきあっていると波動が悪くなる」とわかっていながらも、「前世から縁のある運命の人、ソウルメイトだから」と思い込んでつきあいを続けていました。

「できれば結婚したい。だけど、彼は私の友だちや両親に会うのもイヤがるし、いつまで経っても具体的な話を進めようとしない。お金遣いが荒く、どうやら借金も抱えているようだ。結婚後の生活設計について相談しようとしても反応がにぶく、最近はなんだか自分も無気力になってきてしまった」とのことでした。

その方は「その人と結婚するにはどうすればいいか」と相談したかったようですが、私には、この二人が一緒にいて幸せになれるというビジョンがまったく見えてきませんでした。

事実を冷静に見れば、彼の行動には彼女との結婚に対する真面目な意志が感じられません。一緒にいて無気力になるというのは、自分の波動が下がってしまっている証拠です。

でも、彼女は彼との関係を「前世からつながっている特別な関係」と信じ込んでしまったために、判断力を失ってしまっていたのです。

また、こんなケースもあります。

その相談者の手を取ったとき、男性にひどい言葉を投げつけられている姿がはっきりと見えました。相手はその方のご主人でした。

ところが本人は「それは私が前世に彼に何か悪いことをしたためで、今世ではその報いを受けている。だから我慢しなくてはいけない」と思っているのです。

この方の場合も、前世のことにとらわれて、自分が今おかれた状況が見えなくなっていました。

相手がソウルメイトかどうかということよりも、相手との関係を続けることで今の自分がよりよい方向、幸せな人生へ向かっているかどうか、そこをきちんと見きわめ

ることが大切です。

もし悪い方向へ向かっているなら、その関係を手放す勇気を持ってください。
私たちは幸せになるために生まれてきました。そのことを、いつも忘れないでいただきたいのです。

「運のよし悪し」はここで差がつきます！

「運のよし悪し」を、自分以外の何かに求める人は多いようです。たとえば、環境とか、家族とか、人間関係など……。

しかし、運を左右する一番大きな要因は、私は自分の「心」だと思います。

その意味で、**運がいいとか悪いとかは、自分が決めていることだといえるでしょう。**

特に最近は、スピリチュアルブームですから、「自分の運が悪いのは、未浄化霊が邪魔しているからだ」とか、「土地の気が悪いからだ」といった思い込みを持つ人も少なくありません。

しかし、そんなことを思っていると、その心こそが、そばにいる霊を刺激して、「ちょっと邪魔してやろう」と思わせてしまうことになるのです。

霊的な存在や人の運命について語り、アドバイスする人も、今はたくさんいます。それで人をいい方向に導けるならば、すばらしいことだと思います。

でも残念なことに、「霊能者を名乗る人に、『あなたの後ろに変なものがついている』と言われました。お祓《はら》いしたほうがいいのでしょうか」という方によくお会いするのです。

そういうとき、私は必ずこう聞きます。

「あなたにそう言ってくれた人は幸せそうでしたか？」

すると、「いいえ、幸せそうには見えませんでした」という答えが返ってきます。

あなたは、「幸せでない人」から人生や運命についてのアドバイスを受けたいでしょうか？　人をおどかすような話しかできない人のアドバイスを聞いて、幸せな人生が歩めるのでしょうか？

むしろ、変なもの・悪いものがついているのはそれを言っている本人のほうです。

人の言葉に振り回されてしまう心が、悪運を引き寄せてしまうことを肝に銘じてください。

運のよし悪しは、他でもないあなたの「心」が決めているのです。

あなたの心は「運」を引き寄せる〝磁石〟です。ポジティブな気持ちには「プラスの運」が、暗い気持ちには「マイナスの運」が集まるのです。

私にも霊能があるかもしれない……と思ったら

人には見えないものが見えたり、明らかにその存在を感じたり――。読者のみなさんの中には、「私にも霊能があるみたい」と自覚している人もいると思います。

そういう方は、やってくるメッセージが喜ばしいもの、心が浮きたつものなら、問題ないでしょう。

しかし、「恐いものしか見えない」「イヤなのに見えてしまう。力が制御できない」と感じている人は、少し注意が必要です。

そんな人は、まずふだん使う言葉に充分気をつけてください。

そして、自分の中に恨みや憎しみなどの感情をため込まないようにするといいと思います。

霊的な何かを感じてイヤだと思うのは、自分で悪いものを引き寄せてしまっているためです。〝磁石〟になっているのは、否定的な言葉や思いなのです。

「ありがとう」「楽しい」「幸せ」「ゆるします」などの「天国言葉」だけを使うようにすれば、自然といいものだけが来るようになります。

何度も書いているように、自分が発したものは必ず自分に返ってきます。よくも悪くも自分が言っていることは全部返ってきます。

意地悪な人は、友だちもやっぱり意地悪だったりしますが、目に見えない世界でも、それは全く同じです。意地悪な言葉や暗い言葉を話していると、それに同調する霊が寄ってきてしまうのです。

私の場合、悪い霊とか人の死に関する映像などはあまり見ないように、最初から自分でコントロールしています。

そしてカウンセリングでは、「こうすると、見たくないものは見えなくなりますよ」というメッセージだけをお伝えしています。

「人の相談に乗ったりしていると、いろいろな気を受けたり、悪いものが寄ってきませんか?」と聞かれることもありますが、私はそういう心配はしていません。祖父母の霊や神様が守ってくれているから大丈夫だと思っているし、いつも天国言葉を話し、神様やいいものとしか波動を合わせないことにしているからです。ですから、今まで悪いものに影響を受けたと感じたことはありません。

私のところへ来る方には、人を癒すお仕事の方も少なくありませんが、天国言葉を使っている方は、みんなその力に守られて、元気に仕事をされています。

人や出来事だけでなく、スピリチュアルな存在も、自分の波動に応じたものがやってきます。

日ごろから自分の波動を高めるような生き方をしていれば、いたずらに悪い霊を恐れる必要はありません。神様もそういう人を喜んで応援するし、好きになってくれるでしょう。

いい霊も悪い霊も、引き寄せているのは自分の波動です。明るい心で「大丈夫」と信じ、天国言葉を使っていれば、悪いものはけっして寄ってきません。

「自分の言霊《ことだま》」には、人から受けた言葉よりも強いパワーがあります

同じスピリチュアル・カウンセラーに見てもらったのに、アドバイスや近未来の予測がズバリ当たっていたという人と全く当たらなかったという人がいます。

それは、それぞれの人の受け止め方が違うからです。占いなども同じです。

「いいことが起こりますよ」と言われて、「いいことがあるんだ」と信じれば本当にいいことがあるし、「いいことなんて起こらない」と信じればそうなります。口に出せば、ますますその確率は高まります。

私のカウンセリングは、それを踏まえて、伝えることと伝えないことをはっきり区別しています。

恋愛相談などでも、その人にいいことが起きているビジョンが見えたときは「彼氏ができますよ」「結婚できますよ」ということはお伝えしますが、「いつできますか?」という質問にはお答えしていないのです。

それを言ってしまうと、最初のうちは楽しみに待っているのですが、「いい人はいつ現われるの?」とだんだん焦ったり、「本当にその歳に結婚できるのかしら」と心配しその疑いが影響してしまうからです。

たとえば「二十四歳になったらふさわしい人と出会う」と言われた人が、お誕生日が来て何カ月かが過ぎていくうちに「二十四歳になったけれど出会わない」「ちっとも出会えない」という言葉がその方の口から出てきます。

そうすると、そう言ってしまった時点で、出会わないほうへと運命の歯車が回転してしまうのです。

自分が話す言葉は、自分自身の耳に一番強く響きます。その言葉の影響を一番受けるのは自分なのです。

口に十と書いて「叶う」という言葉になります。

十回以上口にしたことは、いっそう叶いやすくなるのです。

神様にお願いするとき、自分の口の前で両手を合わせますね。あれは口に十本の指を添えて、「叶」という文字をつくっているのです。

ですから、心配する言葉や、否定的な言葉は口にしないように気をつけてください。ときには数回言っただけでも本当になってしまうことがあります。

たとえば「あなたは結婚しようと思えばできますよ」と私が言うと、「大丈夫ですか？」と聞き返す人がいます。私は「大丈夫ですよ」と言います。

それでもまだ「本当に大丈夫ですか？」と聞かれることがあります。また「大丈夫ですよ」と答えます。

そしてその方が三回目に「本当に大丈夫ですか？」と言ったとすると……その瞬間、せっかく未来につながっていた糸がプツンと切れるのが、私にはわかります。

私がいくら大丈夫と言っても、本人が「だめなんじゃないか」と疑いを持って言葉を発すると、その言葉が叶ってしまうのです。

これはたいへんもったいないことです。自分の幸せを疑うような言葉は言わないように気をつけてくださいね。

よい運命を望むなら「まず、いい言葉から」です。

自分が発する言霊は自分に返ってきます。
何度も言えば、いいことも悪いことも叶ってしまいます。
いつも幸せになれる言葉だけを選んで口にしましょう。

最強の〝厄よけ〟は、「見ない、聞かない、信じない」

カウンセリングをしていると、「何か悪いことや気をつけることがあったら、言ってもらえませんか？」と頼まれることがあります。

おそらくこれまで、相談した相手から何度もそういうことを聞かされてきた人なのでしょう。

私のカウンセリングでは、その人を幸せに導くためのアドバイスを心がけているので、悪いことを聞きたいという希望には応えられません。

悪い話が聞きたいなら、そういう話をしてくれる人に頼んでいただくしかありません。

でも、本当は、自分の問題を一番わかっているのは、占い師でもだれでもなく、その人自身です。わざわざそれを指摘してもらうよりも、幸せに導いてくれるカウンセリングや占いを利用したほうがずっといいのではないでしょうか。

悪いことを聞いても落ち込むだけですし、悪い点を指摘されて改善できるなら、私のところを訪れる前によくなっているはずです。

もし自分の欠点などを必要以上に気にするタイプだと自覚しているなら、「見ない、聞かない」という態度をとったほうがいいと思います。

本当は、カウンセラーや占い師に頼らなくて済めば、それが一番です。

でも、ときには深く傷つき、ひとりでは立ち直れなくなったり、もうどうしていいかわからない悩みを抱えてしまったりすることもあるでしょう。

そういう方たちが、私のカウンセリングを受けて「高津先生に会って変わりました」と言ってくださいますが、実は変わったのではなく、元に戻っただけなのです。

本来の純粋な心を取り戻して優しくなれたり感謝できたりするだけで、私がその人を変えたわけではないのです。

一度は道をそれたとしても、リセットして本来の自分に戻れたら、もう幸せにしかなりません。だからいいことだけを信じていれば、それで充分なのです。

カウンセリングや占いは、幸せになるために利用するものです。
自分にとって悪いことを知ろうとする必要はありません。

「シンクロニシティ」をどう生かすか

シンクロニシティ（共時性《きょうじせい》＝意味ある偶然の一致などと訳されます）という言葉をご存じでしょうか。

たとえば、なぜか何度も何度も同じ言葉や数字と出会う。ある人を思い出しながら街を歩いていたら、向こうからその人が歩いてきた。気になっていたことに関する記事が、パッと開いた新聞に大きく載っていた……。

こうした現象がシンクロニシティです。見えない存在からのメッセージは、このような形で現われてくることがあります。

とくに、イヤでも気づいてしまう、気づかされるという感じのはっきりしたものに関しては、心に留めておく意義が充分あると思います。

でも、「これもそうかしら、あれもそうかしら？」と無理にシンクロニシティを見つけようとしたり、あまり気にしすぎるのは考えものです。

自分が楽しくなるような、よいことならいいですが、そうでないならあまり気にしないで流してしまうのが一番です。時々、こじつけてまで何かよくない意味を探す人がいますが、それはやめたほうがいいでしょう。

私自身は、シンクロニシティを一生懸命探したり、それについて深く考えたりはしません。やってくるものを素直に受け取るだけです。

たとえば自分が「知りたい」と思ったことがあるとします。でも、カウンセリングが忙しくて、一週間はオフィスから出られません。すると相談に来た方からそれに関する話を聞かされたり、手紙が届いたりと、自然に情報がやってきます。

そんなときは「私が自分で行けないから、神様が用意して持ってきてくださったんだ」と思って、感謝の気持ちでいっぱいになります。すべてがつながっていることを感じます。

元々、この世で起こるどんな現象も、すべては神様が用意してくださったものだと思っています。

「自分に必要なものはどんな手段を使ってでもやってくるし、必要ではないものはどんなことをしてもやってこない」と思っています。

みなさんも、自分からわざわざ探しに行かなくていいのです。幸せの法則を実行し、まわりのすべてに感謝しながら毎日一生懸命生きていれば、必要なメッセージはちゃんとあなたに送られてくるのです。

シンクロニシティを探して一喜一憂するのはやめましょう。あなたの学びに必要なものは、何度でも、必ずあなたのもとへやってきます。

「あの世」のことは2割考える!?

神様、守護霊《スピリチュアル・ガイド》、生まれ変わり……。この本で私は不思議なお話をたくさん書いていますが、読者のみなさんには、そういう世界をあまり日常の中に持ち込みすぎないようにおすすめしたいと思います。

それらはあくまでも、**今世をよりよく生きるための参考材料だからです。**

たとえば前世にあまりこだわりすぎると、かえって今の生活に支障をきたすことがあります。

前世はこうだったとだれかに聞いたために、「どうせ、私の前世は○○だったから……」とか「また同じことを繰り返すかもしれない」などと考えて、動けなくなってしまう。「今を、よりよく生きるための参考材料」どころか、過去に縛りつける〝足かせ〟になってしまうのです。

実際に、「前に他の人に見てもらったら、前世で人を殺していると言われて、またやってしまうんじゃないかと怖くてしかたない」という方がいました。

そこで私は言いました。

「私も、人を殺していたと思いますよ」

「えっ、先生も?」

「ええ、たぶん。だって昔は戦争もあったし、私にもその経験があると思います。でも、それはもう終わったことだから。

それに、そういうときがあったからこそ、幸せに生きたいと思ってまたやってきたわけだから、今世のことを考えましょう」

しばらくして、またその方がやってきて「先生のカウンセリングを受けて、心が安定して穏やかになりました。前世のことはもうあまり気になりません」と喜んでいました。

こういう方もいるので、私は相談者の方の前世が見えてもほとんど言いません。それにとらわれて動けなくなるくらいなら、知らないほうがずっといいのです。

「夢のお告げ」を信じる方もいますが、これもあまり考えすぎないほうがいいでしょう。

いいことは信じる、悪いことは信じない、そういう対応で充分です。

「夢で、ここへ行けと言われたから仕事を休んで行きました」という方もいらっしゃいました。

やらなければならない仕事がある日なのに、「仕事を休んで神社に行け」とか、そんな命令を神様がすることはまずありません。

一番しっかりと見つめるべきは、私たちが生きている「この世」のことです。

日常の中では、スピリチュアルなことは二割程度におさえ、あとの八割は仕事や家事など、目の前のことに一生懸命取り組んでいくのが一番です。

私が〝スピリチュアルな世界〟のお話をするのは、そこから必要なメッセージを読み取って「今」に生かしていただきたいからです。

Part 6

「365日奇跡が訪れる」スピリチュアル・パワーを高める方法

――日常生活の中でだれでも簡単にできる!

最後に、この章では、身の回りの小さな幸せにもっと気づき、さらに強力に開運していくためのヒントをまとめてみました。

どれも日常の中で簡単にできることばかりですが、すばらしい効果があります。ぜひ、楽しみながら実践してください。

幸運を部屋に強力に呼び込む！スピリチュアル掃除術

私がカウンセリングをしているときは、その方のオーラや守護霊《スピリット・ガイド》だけでなく、家の中の状態なども必要に応じて見えてきます。

といっても全部が見えるわけではなく、キッチンや廊下など「その人は、そこを片づければ運がよくなる」という場所だけが見えるのです。

そこで、まずはその場所をきれいにしてくださいとお伝えすると、実行した方から「臨時収入があった」「健康になった」などのうれしい報告がどんどん入ってきます。

私たちの家には八百万《やおよろず》の神様が住んでいて、自分の中にも神様がいます。神様のいる場所は、いつもきれいにしておくのが当たり前なのです。

すべての場所がピカピカなのが理想ですが、とくに大切なのは玄関です。

玄関とは仏教から出た言葉で「玄妙《げんみょう》な道に入る関門、禅寺の方丈《ほうじょう》（本堂・客殿）に入る門」といった意味があります。

単なる出入り口でなく、奥深い世界と俗世を結ぶ特別な空間でもあるのです。

実はこの玄関の状態で、そこに住む人の運気も変わってきます。


扉は、内側も外側もきれいに磨いておきましょう。三和土《たたき》（土間《どま》）や玄関の外側は塩をまいてほうきで掃くか、掃除機で吸い取りましょう。水を流したり濡れたぞうきんで拭くのもいい方法です。天のご加護がある天井も、忘れずに掃除します。

表札やポストや玄関灯もていねいに磨きます。

鏡はスピリチュアル・パワーの源ですから、玄関にある鏡も他の鏡と同様、美しく磨いておきます。

靴や傘は、家族の人数分以上は外に出さず、不要なものは処分していつもすっきり整理しておきましょう。靴をいつもきれいに磨いておくことも大切です（二一〇頁参照）。

仕上げに盛り塩（一九四頁参照）で浄化します。四隅に置いても一カ所だけでもかまいません。

このように玄関の掃除と整理整頓を徹底すると、金運、仕事運、健康運、愛情運など、運勢全般がよくなります。ぜひ試してみてください。

その他重点的に掃除したい場所に、台所、トイレ、お風呂場などの水回りがあります。ここをいつもきれいにしている家は、龍神様などの水の神様が守ってくださいます。

ちなみに、天井を清めると天のご加護が、壁を清めると世間のご加護が、床を清めると先祖のご加護が得られます。

掃除が苦手な人は、どこか一カ所でもいいのでできるところから始めて、しだいに範囲を広げていってください。

そしてきれいになった部屋には、キラキラしたもの、明るい感じのもの、美しいものを置いてください。

私は、いつも身につけている水晶のネックレスを、家にいるときは、部屋の壁にかけています。朝カーテンを開けたときに朝日が当たると、部屋中に虹色の光が広がってうっとりするほどきれいです。

鏡も、部屋のあちこちに置いています。

光のある場所に闇は入りこめません。きれいにお掃除した部屋に光を集めるインテリアで仕上げをして、神様が喜ぶ空間を作りましょう。

八百万の神様はきれいに清められた空間が大好きです。玄関や水回りをはじめ、家をきちんと掃除する人は、厚いご加護を受けて開運することができます。

「塩」は浄化の最強アイテムです

部屋の浄化には、塩がすばらしい効果を発揮してくれます。

塩は昔から神事などでも使われ、商家や一般家庭などでも、邪気を払うものとして日常的に使われてきました。

使うのは合成の塩ではなく、天然塩がいいですね。

そのまま部屋にまいて掃除してもいいですし、盛り塩にして置いておくのも効果的です。

盛り塩は、高さ三センチほどの三角錐《さんかくすい》に盛ります。

ピラミッドや富士山もそうですが、三角形は天とつながり、いいエネルギーが入ってくる形なのです。おむすびも、三角形にむすんであるので、ただの塩むすびでもお茶碗に盛ったごはんを食べるよりずっと元気が出ます。

きれいな形につくるには、まず紙を丸く切り、切れ目を入れてセロテープで貼りつけ、三角錐の型をつくります。縁のところまで塩を入れて、お皿に伏せるときれいな三角ができます。

これを、部屋の四隅に置きます。家具などがあって床に置けない場合は、家具の上などで大丈夫です。

ワンルームなら、玄関にひとつ置くだけでいいでしょう。

また、それと別にトイレや台所など、自分が清めたいと思う所に置きます。盛り塩を置いた空間には結界が張られて、悪いものが近寄ってきません。

通常は一カ月に一度交替すればいいのですが、湿度にもよるので、溶けてきたかなと思ったらすぐ替えてください。

神社の行事などからもわかるように、毎月一日《ついたち》は神様の日です。

「明日は神様の日だから」ということで、月末に必ず取り替える習慣をつけてもいいですね。

掃除に塩を使うのもいい方法です。ひとつまみの塩をぞうきんにまぶしてふき掃除をしてみましょう。また洗濯の水の中に入れたり、洋服にかけたりしてもいいでしょう。

ついでにいえば塩は自分自身の浄化にも使えます。理由もなく体が重いときなどは、塩水で手を洗うと、邪気がとれてすっきりします。

塩を置いた場所はいつも清浄に保っておくことができるので、悪いものや悪い人は近寄らず、代わりに幸運がやってきます。

塩を上手に活用して、あなたのまわりにも、神様にふさわしいきれいな空間をつくってください。

塩は邪気を払い、場を清めてくれます。三角につくった盛り塩を部屋に置くと、悪いものや人を寄せつけない、幸運を呼ぶ空間ができあがります。

風水やパワーストーンの効果も、その人の心次第

風水の人気は、根強いものがあります。引っ越しや部屋づくりをするとき、「風水ではどうだろう」と気にする方も多いようですが、私はあまり気にしません。

以前、「鏡を置きなさいとおっしゃいますが、風水ではよくないと言われていますが？」という問い合わせをいただいたのですが、その方がそう信じているのであれば、信じているほうを選べばそれでいいのです。

宗教でも何でもそうですが、「こちらがいい」と言われて実際によくなるかどうかは、その人の受け取り方次第です。

「これを持てば、いいことしか起きない」というグッズを持っていたとしても、素直

に信じて持っている人と、「それはウソだ」と思って持っている人とでは、全然違う結果が出てくるでしょう。

方角にしても、私のオフィスは北向きで、その北側にカウンセリングルームを置いています。でも、そこは私にとっては一番波動のいい場所で、何カ月も前から置いてある榊《さかき》の葉も枯れずにずっと青々としたままです。

ですから、人に「ここは方角が悪いんじゃないですか?」と言われても平気です。私は「自分がいる所はすべて波動がいい」と思っているので、本当にいいことがたくさん起こります。

悪いことが起こるのは、悪いと思って気にするから。その心に、悪いものが引き寄せられてくるのです。

マニュアル的な「こうするといい・悪い」という事柄にとらわれてしまった人が、そこから抜け出すには、自分を信じることだと思います。

「私は運がいい。大丈夫だ」と信じることです。

それを、「こんなにやってもダメなのでは」とか「うまくいかないんじゃないか」とか思っていると、人に言われるままに「去年のラッキーカラーは青だったけれど、今年はピンク。じゃあピンクのものを買わなくちゃ」というふうになります。

それでも、「きっと幸せがくるわ」と楽しみながら持つならいいと思います。でも、「今日はピンクのものを持っていないからダメだ」とか、それがないと不安になってしまうのでは、何のためのラッキーカラーかわかりません。

パワーストーンもそうです。「水晶を持っているのにいいことがない」とか「ラピスラズリをなくしてしまった、悪いことが起きたらどうしよう」と思ってしまうなら、持たないほうがいいでしょう。

パワーストーンを持つなら楽しく幸せな気持ちで持ったほうがいいし、たまに日光や月の光に当ててあげたり、「ありがとう」と感謝して大切にして、自分自身でいいパワーを込めていくことが大切です。

「掃除をしたけど、開運グッズも持ったけど、いつごろよくなるのかな?」と、そればかり気にする人は、その考えを捨てられたときに運が向いてきます。

結果にこだわるのはやめて、明るい気持ちで開運行動そのものを楽しむこと。それが幸運をつかむコツです。

開運に必要なのはマニュアル通りの行動ではなく、自分の心をいい状態に保つこと。それができれば風水もパワーストーンも有効に使うことができます。

パワースポットの見つけ方、過ごし方、教えます！

先日、相談者の方からこんな依頼がありました。

「自分に合っているパワースポットを教えて欲しい」というのです。

私はカウンセラーなので、そういうことはしていませんと言ってお断りしたのですが、この方のように、自分に合った場所や、強いパワーのある場所を知りたいという声はよく耳にします。

でも、大切なのは「どこへ行くか」ということではないのです。

いい気持ちで過ごせるならどこへ行っても「パワースポット」です。また、どこへ出かけたとしても、「居心地がいい」と思う過ごし方をすることが大切です。

パワーが欲しくてパワースポットに行く人は多いと思いますが、それはちょっと違います。

神社などのパワースポットは、願いごとをする場所ではなく、感謝を表わしに行く所です。

神社に参拝したときは、私はいつも「ありがとうございます」と感謝して帰ってきます。

私は「いつもきれいな気持ちでいられるのは神様のおかげです」と感謝しながらパワースポットに行きますが、そのためか、鮮やかな夕陽や、雲の間からもれる光など、きれいなものを見せていただくことがよくあります。

神様は「神様、助けてください」と言う人を助けるわけではなくて、神様のためにお役に立ちたいと思う人、神様を助けたいと思う人を助けるのだと思います。

また、「パワースポットへ行って、そのときはいい気持ちがしたけど、結局何もなくて」という人には、「自分がパワースポットになること」をおすすめします。

いつでも自分が出したものが返ってきます。

優しさを出せば優しさが返ってきます。
何かを与えれば、何かを与えられます。
自分がパワーを与える存在になろうとすれば、必ずパワーが返ってくるのです。

パワースポットは、感謝を表わしに行く所です。
自分自身が元気や幸せを人に与えるパワースポットになろうとすれば、さらにすばらしいものを受け取ることができます。

あなたの〝ラッキーナンバー〟は？

日本人は、四や九という数字は「死」や「苦」を連想させるからと嫌って避けることが多いようです。

ところが、「四と九とで**『四九（よく）なる』**から縁起のいい数字だと考えて、逆にとても大事にしているといいことが起きますよ」と斎藤一人さんが教えてくれたことがあります。

たとえば、悩みごとがあるとき、何か答えが欲しいことがあるときは、私はまわりを走っている車のナンバーを見て、「ナンバープレート占い」をしてみます。

四九のついたナンバーが通ったら、「よくなる」で大吉。九四だったら中吉。四四とか九九とそろっていたら小吉。
意外とこれがよく当たるのです。
こんなふうに遊んでいると毎日楽しくて、飽きません。
みなさんもやってみてはいかがでしょうか。

同じように厄年をイヤがる人も多いですが、これも一人さんに、**神様のお役に立てる「ひやく（飛躍）の年」**だと教わったので、お祓いなどはしないし、いっさい気にしていません。
実際、本厄、後厄の年も、絶好調と言えるほどいろいろなことがうまくいき、私にとって本当に飛躍の年になりました。

あなたも自分だけのラッキーナンバーを持ってみてはいかがでしょう。
自分の誕生日をラッキーナンバーにするのもおすすめです。
語呂《ごろ》合わせにも、ちゃんと言霊《ことだま》があります。
自分が「これはいいものだ」と信じて楽しむと、本当にいいことばかりやってきます。

〝縁起がいい悪い〟は自分で決めるものです。あなたのまわりにたくさんの〝縁起物〟をつくってみませんか?

願いがすべて叶っている私の「年末の儀式」

「どうしても叶えたい」という願いがある人におすすめしたいのは、**とにかくできることからやってみる**ということです。

目標へ近づくために今できることが必ずありますので、まずそれをやる。そうやって一つひとつクリアしていって、少しずつ自分には難しいかなと思うことにも挑戦してみる。

その積み重ねがあって初めて、めざすところにたどりつけるのです。

最初のアプローチとしておすすめしたいのは、目標を紙に書くことです。

「言うこと」と同様、「書くこと」には願望を叶える強い力があります。

私は毎年、年末になると白い紙を用意して、これからやりたいことを百個書くことにしています。カーテンを毎日ちゃんと開けるとか、本当に簡単なことまで入れています。

そういうものと一緒に、少し難しそうなことも入れて、百個を書き上げます。

そして四つに折って引き出しにしまいます。

そのうちその紙の存在も忘れて、一年後に「そういえば」と出してみると、書いてあることがほとんど叶っているのです。

自分にできる小さなことをこなしているうちにはずみがついて、難しいと思っていたことも、いつの間にかできているのです。

みなさんも、楽しい気分で試してみてください。壁に貼ってもいいですが、書いたものが目に入ると気になる人は（私もそうです）、しまっておきましょう。

目に入って「まだ叶わない」と思うより、むしろ忘れて、「今」を充実させることに心をくだいていたほうが叶うことが多いようです。

一年経って実現しないことは、私の場合百個のうち一つか二つですが、それは次の年に持ち越して、もう一度書きます。

そのまま同じように書くのではなくて、「今度はもっと具体的に」書いてみようと、工夫を加えてみます。すると、次の年には実現してしまいます。

不思議にすべてが叶っていくのです。

「紙に書くこと」にも、口に出すのと同じくらい願いを叶える力があります。新しい年を迎える前に、小さいことから大きなことまで、願望を紙に書き出しましょう。

髪には天のご加護、顔は世間のご加護、靴には先祖のご加護

運気というのは、外見にもはっきりと現われます。

自分の運気は上り坂か、下り坂か。気になるあの人はどうなのか。

それを見分ける簡単な方法をお教えしましょう。

一番のポイントは、顔に艶《つや》があるかどうかです。

成功している人は必ず肌がツヤツヤです。

お勤めしている人なら、自分の会社の社長の顔を見てください。もし艶がなくなってきたら、うちの会社は大丈夫かな？　と注意したほうがいいかもしれません。

人をいい方向に導くことができる人、自分自身も幸せな人は、必ずそれが顔に出て

います。逆もまたしかりです。

一般の方でも「人生がうまくいきません」という方は、例外なく肌がガサガサに乾いていたり、顔もくすんでいたりします。

とくに女性は、結婚相手を見つけるなら、髪と顔と靴、その三カ所がツヤツヤした人をぜひ選んでください。

髪には天のご加護、顔は世間のご加護、靴には先祖のご加護があります。そこがよく磨かれて光っている人は、強力に守られている運のいい人です。

みなさんも、この三つはいつもお手入れをしてツヤツヤに保ち、幸運の神様を味方につけてくださいね。

運のいい人かどうかは、髪、顔、靴の艶に現われています。この三つをきれいに磨くと、天と世間と先祖のご加護がいただけます。

キラキラアクセサリーやネイルで、人に幸せの光を送りましょう

私たち人間は日ごろから、神様に喜んでいただくために、着飾ってお祭りを催したり、貢ぎ物をしたりします。

そして、神様から分けてもらった魂を持つ人間は、自分自身も神様です。

自分が神であり信者でもあるなら、自分で自分に貢ぎ物をするのは当然のことです。

だから、**なるべくきれいな服を着て、キラキラしたアクセサリーも身につけて、いつも光り輝く自分でいるようにしましょう。**

これは神様に喜ばれる開運の秘訣でもあり、まわりの人のためでもあります。

このことを私は、舛岡《ますおか》はなゑさんから教わりました。私のことを妹のようにかわい

がってくれているはなゑさんは、「開運メイクのエキスパート」として知られています。ツヤツヤのお顔と、キラキラしたアクセサリーで、ご自身はもちろんのこと、たくさんの人に笑顔と幸せを届けていらっしゃいます（詳しくは『斎藤一人　15分間ハッピーラッキー』〈舛岡はなゑ　三笠書房〉をご参照ください）。

とくにキラキラしたアクセサリーは、人のためにつけるものです。

値段は安くてもかまわないので、必ずキラキラ光るものをつけてください。金、銀、石のついたもの、そこはお好みでいいですが、サイズは小さいよりは大きいほうがいいでしょう。

美しい輝きは自分も人も楽しませるだけではありません。

光を放っていれば、まわりの闇はなくなっていきます。アクセサリーをつけることは、「あなたにも光が届きますように」というメッセージなのです。

また、ハートのモチーフがついた指輪やブレスレットなどは、ハートのとがったほうを自分のほうに向けてつける人が多いと思いますが、これは逆にしてください。人から見てちゃんとハート型になるようにつけるといいですよ。
そうすると、相手に幸せが届きます。出したものは必ず返ってくるので自分も幸せになれて、二人分の幸せが生まれるのです。

私はネイルをやってもらうときも、ハートのモチーフは人のほうに向けて描いてもらいます。

先日、新しく担当してくれた人に理由を聞かれたので「人に幸せを届けたいから」と説明したのですが、次に行ったとき、その人がニコニコしています。
「あの話をお客さんにもするようになったらサロンがすごく繁盛《はんじょう》して、いいことばかりです」とのこと。ハートの形でさっそく幸せが広がりました。

> きれいな服やキラキラのアクセサリー、ネイルは、神様と自分と人を喜ばせるためのもの。自分自身が「光」になって、まわりの闇を祓ってしまいましょう。

絶対幸せになれる！この考え方

潜在意識の理論で有名なジョセフ・マーフィー博士の本に、私の大好きなエピソードがありますのでご紹介します。

ある貧しい父と息子がいました。

靴も買えず、お肉もめったに食べられない生活でしたが、少年はある日「将来、外科医になりたい」とお父さんに言いました。

それを聞いたお父さんは「実はお前のためにずっと貯金してきて、今ではそれが三千ポンドある。でも、そのお金はお前の医学の勉強が終わるときまでとっておいたほうがいいと思う。学業が済んだら、いい診療所を開くためにそれを使うというのはどうだろう」と答えました。

その言葉に息子は大喜びして、そのお金には手をつけないことを約束して猛烈に勉強し、アルバイトをしながら医学の専門学校を卒業することができました。

彼が卒業する日、お父さんは息子にこう言いました。

「お父さんはしがない石炭掘りだ。本当は銀行には一文もない。お父さんはお前が自分の中にある無限の金鉱を掘りあてて欲しいと願ったんだよ」

息子は言葉もないくらい驚きましたが、自分が銀行に三千ポンドあると信じたことが、自分の可能性を開花させ、「外科医になる」という自分の目的を達成させたことを悟りました。

「自分は幸せだ。必要なものはすべて自分の手の中にある」と信じる心が、彼が持っていたすばらしい可能性を引き出したのです。

（『マーフィー　100の成功法則』〈大島淳一／三笠書房より〉）

どんな人にも、幸せはすでに与えられています。

少年と同じように、私たちもそれを信じることができれば、そのときにはもう幸せの道を歩いているのです。

私たちはみんな、すでに幸せなのです。
それを信じられる人は、自分の中に眠っている「無限の金鉱」を掘り当てられる人です。

毎朝必ず、「幸せな選択」を宣言しましょう

私が毎朝、起きたらまず最初にすること。

それは「**自分は〝幸せな選択〟をします**」**と宣言する**ことです。

どんなことにもいい面、悪い面が必ずあります。その中から、**よかったこと、幸せなことだけを選んで、出来事を自分なりに解釈していく**のです。

私はふだんから物事をポジティブにとらえるほうですが、口に出して宣言しておくと、よりいっそう〝幸せな選択肢〟を選ぶことができます。

たとえば、通勤するとき、遅刻ぎりぎりで車を運転していて横から誰かが割り込んできたとします。

〝幸せな選択〟をすると決めているので、「急いでいるのに、やめてよ。事故になったらどうするのよ！」とは思いません。これは『落ち着いて運転しなさい』というメッセージだ。よし、落ち着いていこう」と考えます。

そうすると、オフィスについたら約束をした相手が遅れてきたりして、「ああ、あわてなくてよかった」ということになるのです。

幸せなことばかりを選択していると、今日一日本当に幸せなことばかりだったと思うことが多いので、ずっと続けています。

だれにでも簡単にできるので、みなさんもぜひやってみてください。

朝、起きたら、まず最初に「自分は〝幸せな〟選択をします」と宣言しましょう。

幸運は、自分でそれを「選ぶ人」にやってくるのです。

〈了〉

本書は、本文庫のために書き下ろされたものです。

毎日《まいにち》が「幸《しあわ》せなこと」でいっぱいになる本《ほん》

著者　高津理絵（たかつ・りえ）
発行者　押鐘冨士雄
発行所　株式会社三笠書房
〒112-0004 東京都文京区後楽1-4-14
電話　03-3814-1161（営業部）03-3814-1181（編集部）
振替　00130-8-22096　http://www.mikasashobo.co.jp
印刷　誠宏印刷
製本　宮田製本

ISBN978-4-8379-6405-6 C0130

王様文庫